U0033956

ياخشىمۇسىز

# 絲路，你好！

3個女生
30天的自助旅行
絲路線

粟子｜著

旅伴一號推薦

# 粟子玩絲路　總是有她的另類思路

聽到粟子跟我說她已完成絲路之旅文字時，真是嚇一大跳，同時還奉上熱呼呼內容，希望我幫她寫推薦序。看著粟子寫的一字一句，彷彿又重新經歷一遍大漠的甘與苦，為了報答她給我這麼大的驚喜，我就藉由推薦序以及貼身第一手資訊爆料作者的幕後小故事。

當我和旅伴二號剛開始規劃一個月的大陸旅行時，粟子就躍躍欲試說她想參加，有達人加入，我們當然是舉雙手贊成。一開始鎖定經典的昆大麗路線，雖然大學時代的粟子早已去過雲南，並參訪一些少數民族，這條路線對她來說並不新奇，但她也不反對。隨著資料的尋找，不知為何西北方的絲路一直召喚著我，於是決定來個大轉彎，趁著體力還行，就勇闖大西北吧。聽到我半途變更旅遊路線，粟子和另一位旅伴竟也非常乾脆，或者說迫於無奈，像沒事般的只說一聲：好啊！當時我就想，這兩個旅伴真是淡定，無論瘴癘雲南或是戈壁大漠，在他們眼裡好像都只是去墾丁或太魯閣。令我驚訝的是，這條絲路路線，粟子竟然也走過其中一半，例如西安與新疆，果然是大陸玩透透、地球走遍遍的旅遊達人。

行前出發，即使身為「玩世界・沒事兒」的高手，粟子仍然為了怕自己成為拖累，於是東市買更專業的背包，西市買更好用的收納袋，深怕自己追不上號稱行李精簡、腳程俐落的兩位旅伴。

沒想到整個旅程卻是有賴高個子粟子上下行李，買地圖找路，運用三洋鍋煮寶島味，有她這個自助旅行達人在，讓整個旅程順利很多。當然這是生活層面的部分，屬於精神層面的點滴灌溉，更是遍布一路的旅途中；記得常常因她觀察入微、一針見血的言談而拍案叫絕，以及唯妙唯肖的模仿逗得哈哈大笑，在漫長的旅程以及枯燥的荒漠中，一掃疲憊。

如今看完文章才知，旅途中那些表演只是冰山一角，這小妮子觀察地可深入了，每個遇到的特色人物，每個活絡交易的當下，每個初來乍到的氛圍，都被她刻印在腦海，寫在書中，我看了又是一陣心領神會。而她的文字絲毫不遜於真人表演，甚至有過之無不及，把當時發生的人物表情、吃過的飲食口味，活靈活現傳達出來，實在是廣大讀者的福氣。

從絲路回來，常有人問我那邊的人們如何？氣候、飲食如何？我發現粟子寫的正是大部分人最想知道的事情，從當地食物、人的舉動、文化差異到屬於旅行的甘苦，就跟她一貫的寫作風格一樣，沒有枯燥景點介紹，有的是她善於觀察的風土人情，揉合她幽默機智的性格，呈現鮮活的旅人經歷。身為旅伴，更感謝的是她可以把這趟旅程的精華集結成書，讓我們的旅行記憶有了更棒的結果，也更讓我體驗到，旅程規劃只是一條路線，每個人親自去完成的部分才是真正整體的面貌。

旅伴二號推薦

# 文雅的吃經與文明的吃驚！

從編輯《玩大陸・沒事兒》認識粟子小姐，對於她曾在書中活靈活現寫出與家人上西安清真館子，一大袋豬肉滾落地、飄散陣陣豬味的膽戰心驚往事，至今仍印象深刻。不料幾年後，同在出版社的我們兩位姐姐先後離開崗位，但與粟子小姐的關係，卻從幾次相約吃吃喝喝到無數次相約吃吃喝喝，最後竟然換成我們仨結伴同行出遊，且地點正是以西安為起點的絲路之旅，堪稱編輯與作者締結良緣的一段佳話！畢竟同是天涯愛吃人……

說到愛吃這檔事，翻開書頁裡頭盡是綿延不絕的「吃經」，在粟子小姐如花妙筆下不僅原汁原味重現，還每日每餐條列菜色與價格明細，唐三藏的西方取經之旅，完全被粟子小姐「私路・吃經」翻轉成搞笑版。而向來自詡食量能吃遍天下的我們仨，基本上腸胃均屬中上品質，（咳……）從台灣原裝出口時本是這樣的。誰知一路乾燥的氣候，終究突破旅伴二號我的海島型體質，不僅皮膚日漸失水乾枯如脫殼蛇皮，整組呼吸道也鎮日泥漿滾滾流不停，更慘的是馬不停蹄的奔波勞頓後，終於在喀什讓我百毒不侵的腸胃潰不成軍。事發經過全數被粟子小姐毫不留情的翔實記載，本人犧牲肉體換得的慘痛經驗，希望有意西進或長旅的朋友們，引為借鏡，水土不服這事兒，不容小覷。

每個人的體質確實南轅北轍，旅伴一號在台灣是辛苦的過敏兒，到了大西北卻膚質水嫩、頭髮乖巧，連鼻道都天天暢通！常因愛吃蔥油餅、饅頭而別號「退伍老兵」的她，在此地簡直如魚得水，天天享用一堆饃、饢、麵的好不快活，估計她上輩子肯定是西北人。至於祖上有西安血統的粟子小姐，更常被我直呼是「大陸人」，只有我們聽不懂的當地話，沒有她辨不明的家鄉音！當然這也歸功於她本是語言天才、溝通能手、反應高人一等，讓我們的絲路暢行無阻兼滿載而歸。

這條閃著歷史幽光的古代絲綢之路，坦白說跟想像中有著很大的不同（或許不失為現代批貨之路，哈！），但光為了珍貴的敦煌莫高窟也是值得走一回的，即使遭受了「廁所文明」的吃驚衝擊。最後，除了推薦料多實在、好笑好吃好玩好買好看的本書之外，也藉此公器私用，深深感謝兩位不離不棄的旅伴：規劃精彩旅程、安排細如繁星事務的旅伴一號；幫忙背時尚小筆電機身（不含電線，免像傭人）及擔任翻譯大使的栗子小姐。希望不久的將來再一起出門玩耍，繼續吃吃喝喝……

我是旅伴三號

# 華麗的冒險

「媽啊，我又要去喀什啦！」回想數年前，與吃苦耐勞的雙親自助遊南疆，風塵僕僕在氣勢壯闊的帕米爾高原與課本上的塔克拉瑪干沙漠往來奔波。儘管將烏魯木齊、吐魯番、塔什庫爾干、紅其拉甫口岸等地的奇聞妙事念茲在茲（諸如：旅館夜半鼠竄、沙發硬如木頭、包車師傅狂唱刀郎、親眼目睹雪崩等），卻壓根兒沒想過此生有幸二度造訪，畢竟對偏好安穩的栗子小姐而言，如此波瀾萬丈的經歷，一生一次堪稱足夠。

世事果然難料，對絲路環抱美麗遐想的兩位好友積極規劃長達月餘的背包旅程。開頭不置可否的我，在得知將途經最愛的香港與中意的西安時，立馬決定參加，本末倒置的程度，儼然是為了喝牛奶而買了一頭牛！

回想這一個月，我們仨一同體驗永生難忘的火車硬座、嚐到傳說中的蘭州拉麵、含淚享受不時做水災的公共澡間、目睹世界讚嘆的敦煌莫高窟、參與熱鬧非凡的古爾邦節、痛罵道義無道的黑店咖啡廳、隱忍痛打腳底板的機場安檢……個中喜怒哀樂、雀躍辛酸、冒險犯難、化險為夷，確是出發前難以估量的無價收穫。當然，除了無形記憶，三位正值「血拼期」的輕熟女也未放過任何心儀的有形紀念，從維族花色鮮豔的絲巾地毯、金光閃閃的手飾鏡盒，到或純樸復古或繽紛多彩的鍋碗瓢盆，滿載而歸的華麗成果，就是肩上近乎爆炸的緊繃背包。

因為這番「罄竹難書」的同甘共苦，咱們非但沒有鬧翻，反而從酒肉朋友晉升患難之交，甚至如當兵同梯一般，每每相約必談到絲路。只是，由於三人腦部的海馬體各有缺陷，導致細節經常兜不攏，這廂旅伴一號言之鑿鑿，那廂旅伴二號一頭霧水，負責仲裁的在下又常常是「好像有、好像沒有」，導致羅生門公案時有所聞。為避免類似爭議與日俱增，我索性越俎代庖，在兩位文字工作者的旅伴前亂舞大刀，記錄這段此生「應該不會再來一次」的華麗冒險。

能夠無後顧之憂地遊山玩水，首要感謝對我萬分照顧、億分好的雙親，大力支持宅且軟弱的獨生女行萬里路，進而開啟寫遊記的契機。至於絲路行的順利成功，則全然是旅伴的功勞，因為出版首本旅遊書而得以結識兩位絕好的朋友，是我人生又一大幸運。

旅行帶給我的，不只是震撼的景致、開闊的視野、妙趣的見聞，更在體認與珍視自己的幸福。

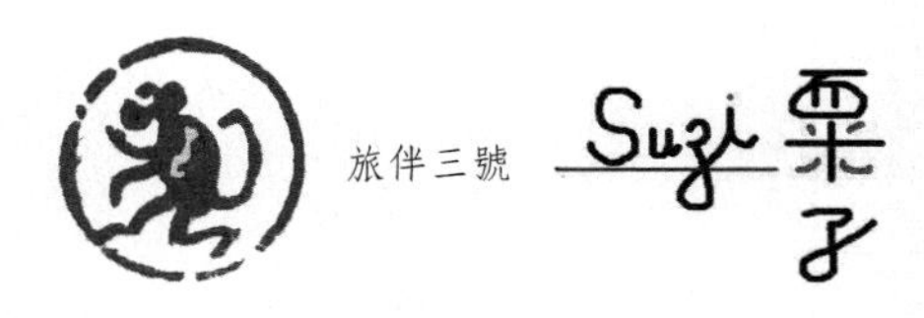

# CONTENTS

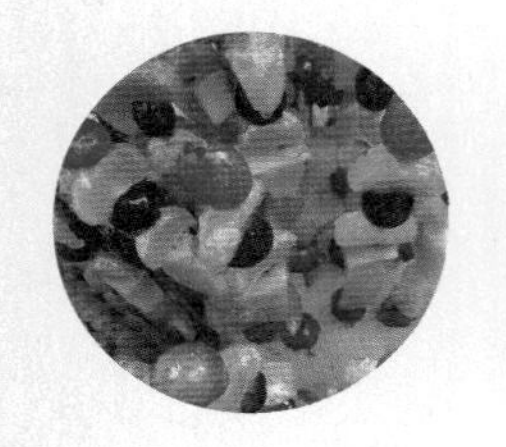

Chapter 03
嘉峪關



Chapter 04
敦煌

# CONTENTS

Chapter 07
喀什

烏魯木齊

# 自助絲路線

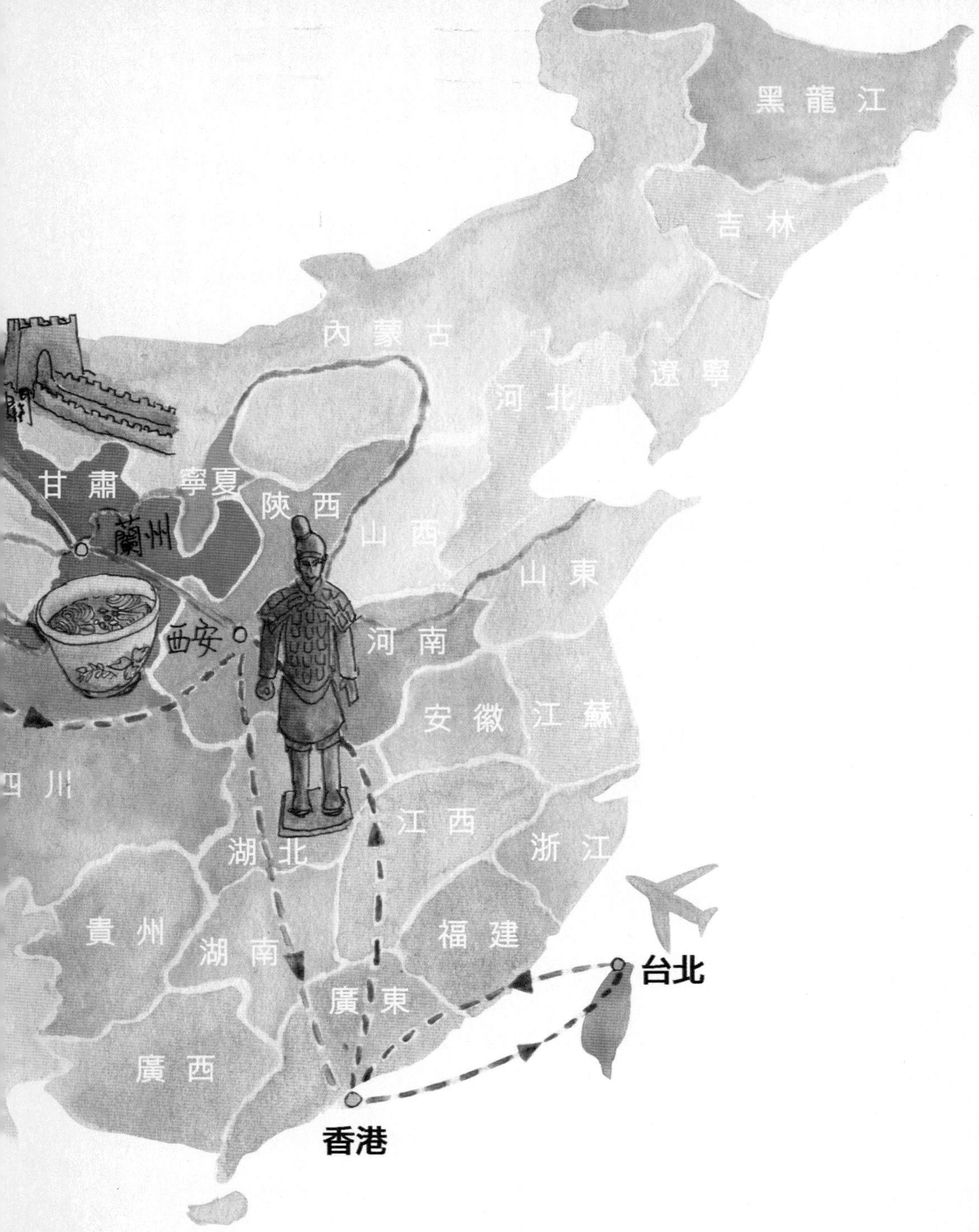

黑龍江
吉林
遼寧
內蒙古
河北
甘肅
寧夏
陝西
蘭州
山西
山東
西安
河南
安徽
江蘇
四川
江西
湖北
浙江
貴州
湖南
福建
台北
廣東
廣西
香港

# 絲路行前準備

## 辦理簽證

出境時，中華民國護照有效期限不得少於6個月，進出中國大陸需辦理「台灣居民往來大陸通行證」（即台胞證）。台胞證效期5年，每次入境大陸需再辦理「簽注」（類似簽證，效期3個月），最常見的為「單次簽注」，供單次進出中國大陸。辦理台胞證各家旅行社的取件時間與收費有所差異，申辦前可先搜尋有合法授權、網友口碑的為優，在此列舉兩間旅行社供參考：簽證通（勝達國際旅行社）網址：www.sttvisa.com；瘋遊神州（明佑旅行社）網址：www.ful-china.com。

| 台胞證種類 | 所需資料 | 效期 | 可停留天數 | 附註 |
|---|---|---|---|---|
| 新辦 | 護照影本、身分證影本、兩吋彩色近照1張（舊台胞證需附上） | 5年 | — | 適用前往香港或經中國轉機者，欲入境中國需另行簽注。 |
| 新辦＋簽注 | 護照影本、身分證影本、兩吋彩色近照1張（舊台胞證需附上） | 5年 | 3個月 | 含第一次入境中國的簽注，下次再入境則需再次加簽。 |
| 簽注 | 台胞證正本 | 單次 | 3個月 | 每次入境中國都需辦理簽注，台胞證距離有效期限不得少於3個月。 |

## 購買機票

若以西安作為絲路旅行的起點，可選擇直飛或轉機至西安咸陽機場，直飛航程約4小時，轉機則視狀況多加2～4小時。目前直飛的航空公司有中國東方航空（每日）、海南航空（週二、五）、立榮航空（週二、六）、中華航空（週一、五）等，促銷票價（效期14日或1月、3月，不含稅）約11,000新台幣上下；轉機航班如在香港轉機的國泰、中華、長榮，在廈門轉機的華信，廈門航空在廈門、長沙、杭州、福州等地轉機，促銷票含稅價與直飛相差無幾。轉機的缺點是費時，優點是可順道安排附加行程。旅客可依據個人預算與需求，至「易遊網」、「可樂旅遊」、「東南旅遊網」、「燦星旅遊網」、「雄獅旅遊」等平台查詢價格，網頁除標示價格，也會寫明票種與相關限制及附加費用（兵險、燃油費、機場稅）等，下訂前務必詳閱說明。

## 幣值匯兌

人民幣幣值分為紙鈔與硬幣，紙鈔面額為100、50、20、10、5、2、1元，5、2、1角；硬幣1元、5角、1角，其中2元、2角已終止發行，雖仍流通但少見。台幣兌換人民幣的匯率約4.8～5：1（4.8～5台幣換1人民幣），建議出發前先在台灣各金融行庫（台銀、第一、彰銀、郵局、兆豐、玉山等）換幣，部分銀行提供存戶不收手續費的優惠，另記得可準備20、10人民幣的小面額紙鈔與少量美金，以備不時之需。

## 空中通訊

由於智慧手機的普及，隨時上網成為基本需求。赴大陸旅遊最簡便的方式是直接申請大陸地區漫遊，以日計價方案，中華電信、台灣大哥大均為每日最高上限399台幣，遠傳則為249台幣，另可選用Wi-Fi方案，如：「台灣大國際Wi-Fi通」下載APP後搜尋合作漫遊業者的Wi-Fi熱點即可使用，目前優惠每分鐘2元；遠傳Wi-Fi漫遊同為一分鐘2元，每日上限298元。要留意的是，當Wi-Fi使用完畢，要記得登出，避免後續產生的連線費用。詳細情形請務必向您所使用的電信業者詢問相關費率訊息，如無上網需求，建議出國期間關閉手機內的3G功能。

除使用台灣門號，也可在抵達西安後於機場內的「中國電信」、「中國聯通」或「中國移動」的經銷商購買充值電話卡，如：「中國聯通」推出的「慧卡」有月租6元、16元、26元、36元等不同價位的套餐組合。通訊除網路外，喜歡懷舊文青風的朋友，也可選擇郵寄明信片，寄回台灣每件郵資1人民幣。有些景點門票本身就是明信片，唯上面的郵資只夠寄往中國境內，若要寄往台灣或他國，則需至「中國郵政」櫃檯補足差額。

## 打包行李

五月到十月為絲路的旅遊季節，其中尤以九月最熱門，瓜果熟甜、氣候宜人。絲路橫跨三個省區，打包衣物時需先了解大西北氣候——七、八月最熱，吐魯番白天最高溫可達43度，其他地方也有35度，所幸氣候乾燥不若台灣那般溼黏難受。「早穿皮襖午穿紗，圍著火爐吃西瓜」是很貼切的大西北寫照，早晚溫差劇烈，即使夏季仍應準備好收納的防風禦寒外套，並採取洋蔥式穿法。行程中常需步行，可以好穿合腳的球鞋為主，再另備運動涼鞋或拖鞋。戶外空曠處（特別如沙漠、高原地區）紫外線強，沙塵及乾燥氣候不時侵襲，務必準備防曬乳、太陽眼鏡、帽子等，同時隨身攜帶護唇膏、口罩，多喝水與塗抹油性較高的乳液，個人常備藥品也請適量準備。電器用品方面，建議攜帶旅行萬用插座與變壓器，以因應大陸220伏特電壓及當地的雙孔圓形、三孔扁腳插座（台灣為兩片扁腳型插座）。

行李主要有後背包與行李箱兩款，前者以防水耐用、久背不易腰酸背痛為佳，後者則以耐撞防壓、安全可鎖的硬殼款式較理想；隨身包以多層分隔收納的斜背包，或拉鍊堅固的貼身腰包為優。行李準備妥當，記得再次確認檢查：護照、台胞證（有簽注）、機票及備用資料（護照、台胞證影本、照片兩張），即可安心踏上旅程。

## 蒐集資料

絲綢之路蘊藏多元魅力，人文風景殊勝，首站西安更是全球熱門景點，有多個免費APP可供下載，如「西安攻略」、「愛旅遊——西安」等，運用智慧型手機，抵達當地就能發揮即時導航功能。途中各處，都可透過網路搜尋相關網站，透過網友的遊記、攻略等前輩經驗，整合出專屬自己的「私」路線。

**背包客棧**

網址：www.backpackers.com.tw

簡介：點選「中國港澳→新疆絲路」，網友自助旅行的經驗分享。

百度旅遊

網址：lvyou.baidu.com

簡介：旅遊攻略、遊記分享、照片圖庫、行程計畫等豐富資訊，也可下載PDF隨身版。

馬蜂窩

網址：www.mafengwo.cn

簡介：旅遊攻略、遊記分享等。

大眾點評

網址：www.dianping.com

簡介：美食搜索情報，餐廳以菜系、位置、特色、價位等分類，搜尋簡便、一目了然。

## 住宿選擇

赴絲路旅行，各地住宿選擇多元，星級酒店、連鎖旅館、青年旅社、客棧民宿……旅客可依個人預算、喜好、交通等評估選擇。需格外留意的是，新疆維吾爾自治區對住宿的管制相對嚴格，並非所有賓館酒店都接受非中國籍的外賓，台灣旅客入住前需先行詢問，一般而言，星級酒店與青年旅社較無此類問題。

tripadvisor

網址：www.tripadvisor.com.tw

簡介：實用網友評價與即時酒店價格、空房等。

錦江之星

網址：www.jj-inn.com

簡介：中國知名連鎖商務酒店，較同系統的百時快捷等級略高，點選「城市」與入住日期，即可查城內所有分店位置、房價等訊息，新疆分店接受外賓投宿。

百時快捷

網址：www.bestay.com.cn

簡介：中國知名連鎖經濟旅社，較同系統的錦江之星簡約實惠，點選「城市」與入住日期，即可查城內所有分店位置、房價等訊息，新疆分店接受外賓投宿。

速8酒店

網址：www.super8.com.cn

簡介：中國知名連鎖經濟旅社，點選「城市」與入住日期，即可查城內所有分店位置、房價等訊息。

## 交通攻略

西安咸陽國際機場目前有三座航廈（T1、T2、T3），其中T2由中華、港龍、香港、立榮、東方、大韓等國際線及深圳、海南、中國國際航空等共同使用，台灣旅客不論自桃園機場直飛或經香港轉機，都在T2航廈辦理入出境手續。

絲路起點西安，公眾交通多元便捷，市區內除綿密的公交車系統，陸續開通的地鐵系統，前往市郊主要景點還有旅遊專線可以直達。省份間的穿梭移動主要仰賴鐵路，車廂大致分成硬座、軟座、硬臥、軟臥四個等級。非連續假期，一般只需提早幾日都有空位，可透過網路、電話、現場排隊（火車站、代售點）等方式訂票。若時間充足，建議直接至車站售票大廳諮詢購票，如果屬意的車票售完，可現場詢問替代班次。

在新疆自治區旅行，有時搭乘長途巴士比搭火車CP值更高，唯途中休息站克難，尤其是廁所最令人「驚喜」。城市間距離較長者，如：喀什至烏魯木齊、烏魯木齊返西安，不妨搭乘中國國內線班機，飛行期間可凌空欣賞高原、沙漠的壯觀景色，唯需有班機延遲的心理準備。絲路途中部分郊區景點缺乏大眾運輸工具，可預先搜尋與聯繫有口碑的出租車師傅，視行程安排議價包車，視遠近距離，一日約150~300人民幣。

### 咸陽國際機場

電話：029-88796997

網址：www.xxia.com

簡介：航班訊息、搭機流程、機場轉乘（機場巴士、出租車）、長途汽車、機場服務、市區交通等實用資訊。

### 中國鐵路客戶服務中心

網址：www.12306.cn

簡介：線上購票、退票、剩票、列車時刻、票價及代售點等查詢。

### 租租網

網址：cha.zuzuche.com

簡介：查尋各類交通資訊，包含長途巴士及租車自駕等。

### 西安地鐵

網址：www.xametro.gov.cn

簡介：地鐵營運狀況、路線簡介、乘客須知、營運時間、相關新聞等。

### 西安公交網

網址：www.xbus.cn

簡介：西安公交路線查詢，只要輸入站名即列出所有行經班次，另有公路客運班次及交通相關新聞等。

### 全國公交查詢

網址：www.bus81.com

簡介：先選擇省份，再輸入站名等關鍵字，亦可查看地圖、火車時刻等實用資訊。

**客運站**

網址：www.keyunzhan.com

簡介：點選「汽車站大全」，查知各地客運站詳盡時刻表、售票點、票價、路線、點對點班次等，市區公交、長途巴士、鐵路、地鐵、航空等公共運輸均可查詢。

## 古今絲路

絲路通常指歐亞北部的通商孔道，1877年德國旅行家的著作《中國——親身旅行和據此所作研究的成果》問市後，書中將連結中歐間的貿易路線命名為「Silk Road」，從此「絲綢之路」一詞便被廣泛使用。根據研究在西元前13世紀（商朝晚期），中國已和西域地區進行商貿活動，數百年後河西走廊開通，雙向的商貿來往更加熱絡。歷史上著名的張騫通西域，即是以長安（西安）為起點。雖然兩度出使西域都未達成設定的戰略目標，卻對於東西文化交流貢獻顯著，從而促使絲路的繁華盛景。傳統絲路的基本路線東側起點為西漢首都長安（或東漢首都洛陽），經河西走廊（甘肅）至西域（新疆），翻越蔥嶺（帕米爾高原）後貫穿中亞大陸各國，再延伸到歐洲。

我們現在所認知的絲路旅遊路線，主要為止於中國境內的版本：由西安出發，沿渭水西行，經咸陽後翻越秦嶺、穿過天水（麥積山石窟）、到達蘭州，過黃河後進入河西走廊，通過武威、張掖、酒泉、敦煌（莫高窟）再進入新疆。敦煌之後，因地形分成南道、中道、北道3路線：南道起自陽關，沿塔克拉瑪干沙漠南緣，經鄯善、和田、莎車至帕米爾高原；中道起自玉門關，沿塔克拉瑪干沙漠北緣，經若羌、吐魯番、庫車、阿克蘇、喀什至費爾干納盆地；北道起自瓜州，經哈密、烏魯木齊、伊寧至吉爾吉斯境內阿克・貝希姆遺址（唐時西域重鎮碎葉所在）。

## 行程建議

規劃絲路行交通，建議採火車、長途巴士等陸路聯運的方式前往，以西安為起點，穿過河西走廊至新疆，途經哈密、鄯善、吐魯番、庫爾勒、庫車、阿克蘇等抵達喀什

（絲路北、中、南道的西端總交會處），再乘火車或飛機至烏魯木齊，最後飛回西安，屬於循序漸進去、一鼓作氣返的「先苦後甜」模式。一趟美好豐富的絲路自助行，至少需安排2至3週的時間，再視個人喜好與行程緊湊程度增減天數。

### 溫馨叮嚀

絲路途中有多個信奉伊斯蘭教的少數民族，依循教義，他們不看不說不吃豬肉（為免觸犯禁忌，一些漢餐餐館改稱豬肉為大肉），請務必尊重穆斯林的信仰與風俗習慣，言談間盡量不要提到豬，也切莫拿豬肉製品到清真館子。此外，刀械等銳利具傷害性的物品，即使放在寄艙行李，仍可能因無法通過機場安檢（新疆地區尤其明顯）而遭到沒收，新疆知名紀念品英吉沙小刀即有此困擾。有意選購者，請盡量挑選短小精緻的款式，數量也以10把為限。

1-1 · 回民街的觀光氣｜1-2 · 饃之城｜1-3 · 他鄉有故知｜1-4 · 摩的王子

【印章源流考】【手縫針線活兒】【煎餅果子】

• 開朗大叔邀您嘗嘗甜口棗糕

## 1-1 回民街的觀光氣

來到西安，聚集超過兩萬名穆斯林的回民街區堪稱必遊景點，區域範圍涵蓋北院門、化覺巷、西羊市與大皮院等四條縱橫交錯的街道，除有多座型態年代各異的清真寺，又以位居北院門「小吃一條街」最吸目光。步行其間，各類清真美食排山倒海、綿延不絕，熱冷甜鹹、煎煮炒炸、牛牛羊羊，只要胃袋夠大、味蕾夠強、荷包夠壯，日日流連也不足奇。

看到這，精打細算的您或許會對「荷包夠壯」感到好奇？的確，回民街固然特色食物、仿古舊貨、民俗藝品一樣不缺，卻也無可避免地染上觀光區訂價偏高的習性，而且飆漲速度遠超過想像（分別於2005、2009、2012年到此的我感受尤其深刻，隨手小

• 乾果核桃為西安知名伴手禮

• 鍋貼現包現煎、新鮮燙口

• 清真油炸餡餅香脆清甜

食明顯由一個幾毛升至幾塊）。以最常見的熱辣辣烤肉為例，出發前查詢近月內的資料，指Size驚人的肥滋滋牛或羊肉串至高3人民幣，但我們目睹的現況是，最陽春簡單的已是5人民幣起跳，想吃得不那麼壓抑與戒慎恐懼，破百元人民幣實屬常態。名店如「賈三灌湯包」、「老米家泡饃館」、「紅紅酸菜炒米」等消費水平同樣一日千里，物價幾乎可與台北比擬，儘管菜單數字不斷攀升，每逢用餐時間仍是駢肩雜遝、一位難求。相形之下，同屬西安本土小吃的蕎麵、餄餎、涼粉、餡餅等各個銅板價，剛出鍋的清真鍋貼與方離火的焦香肉串，真是一個吃飽一個吃巧的最佳實例。別於頻頻嫌貴的背包客，當地人倒是吃得爽快又痛快，湯包一籠一籠又一籠、烤肉一串一串再一串，處處可見等著吃喝、排隊付錢的洶湧人潮，貼切印證「消費帶動經濟」的箴言。

• 如雷貫耳的賈三灌湯包

• 湯包雖燙，但有湯率低

## 湯包無湯

位於北院門93號的「西安賈三清真灌湯包子館」，是小吃一條街的必訪聖地，或許聲譽太高、名聲太響，導致真正品嘗後，萌生相見不如懷念的感慨。踏進甫重新整修、雕梁畫棟的豪華入口，鞋底立即感受因油膩造成的滑溜感，好不容易找到（走到）座位，桌面清晰可見油脂混合溼抹布擦過的螺旋狀痕跡，抽屜也塞滿前位、前前位、前前前位客人隨意擲入的衛生紙、羊骨頭。為數眾多的年輕服務員熱中聊天調笑多過收拾整理，形成店內看似光鮮亮麗、實際油油膩膩的景象。當時我想，雖然用餐環境有待商榷，但畢竟吃進嘴裡的湯包才是「賈三」屹立馳名的強項。

店內採先到櫃台點餐付款，再將單據交給服務員出菜的半自助運作。好不容易在亂無章法的人群中突圍，跌跌撞撞完成買單、給單手續，不一會兒跑堂小哥就以豪邁的溜冰姿態，一口氣將招牌羊肉灌湯包（17人民幣）、牛肉灌湯包（16人民幣）迅速「滑」上桌，看著淌著肉汁的破皮，這才恍然大悟，為何整間店到處「油騰騰」——雖名為湯包，但沒破且真正保有燙口湯汁的，一籠頂多兩三個，這些菁華不是灑在地上就是淋在桌上，鮮少有機會進五臟廟。整體而言，「賈三灌湯包」類似上海小籠蒸包，外皮薄Q、湯鮮甜（如果幸運沒破的話），餡肉嚼勁足，調味以花椒搶盡風頭，其餘冷盤、湯品、泡饃等牛羊肉餐點則屬中等。擁有名氣、人氣加持的「賈三」，其實仍有精益求精的空間，諸如：提高包子的「有湯率」、定期徹底進行桌椅地板除油、改善漫不經心的服務態度等等，不一定要走鼎泰豐的米其林路線，至少能成為更難挑剔的「名店」。

• 各式生肉串堆積如山

• 燒烤畫面過癮非常

• 肉量少得驚人，所幸有涼皮填飽肚皮

## 0.6的玄機

嗜肉如命的我，來到碳香四溢的回民街，豈有錯過現烤美味的道理？原本躍躍欲試的心情，因為大幅超標的價位而陷入躊躇，無法相信所謂的「3元大串肉」已經消失無蹤，東問西找，卻都是徒勞。轉進西羊市搜索，外來客逐漸減少，取而代之的是前來覓食的本地人，不一會兒竟目睹「一串6角」的超低價烤肉！戴著口罩的大嬸雙手沒停地擺弄肉串，時不時撒下各種香料，動作專業俐落。「真的假的？這可是全街首度出現的以角計價。」我們樂得擠進狹小座位，還沒開口，看來還在讀小學的點菜小小哥搶先提醒：「一次最少20串！」

數分鐘後，聽來聲勢浩大的20串熱騰騰登場，令人驚訝的並非食物本身，而是神乎奇技的細膩串肉技巧——每根鐵籤上纏繞著零點零幾公克的肉塊，連如何咬下都是難題，遑論把薄如蟬翼的生肉穿過去，而且與其說是咀嚼肉塊，倒不如當作吸吮有濃濃孜然茴香等清真調料的薄脆洋芋片，幾串下肚猶如一粒豆子投入汪洋大海！「先來個40串！」、「這兒再來30串！」店家生意火爆非常，一日千串不成問題，歸根究柢恰是正中消費者貪便宜的心態，先以破盤價吸引顧客上門，再用動輒數十的串量掩蓋肉量的不足。「畢竟費工嘛！」0.6元吃得不僅是氣味，更是令人驚嘆的「巧藝」。

炒糕、烤麵筋、肉夾饃、糖葫蘆、柿子餅、木炭烤雞、餛飩擀麵、白糖涼糕、肉丸糊辣湯、現榨石榴汁、八寶玫瑰鏡糕（棒棒糖版狀元糕）……回民街包羅萬象的攤位，滿足來自世界各地、各有所好的味蕾，對花椒、孜然、辣椒等調料不甚熟悉或耐受度低的朋友，建議先點少量試試滋味。需提醒的是，此處為穆斯林聚居地，食物一律清真，不只不會販售豬肉，更切莫攜帶自他處購買的豬肉製品進入店家，以免觸犯禁忌。寫到這，腦海浮多年前在西安與雙親光顧清真館時，意外凸槌的大不敬糗事——剛購入的熱騰騰豬頭皮因塑膠袋（不得不提，大陸裝食物的塑膠袋絕可用薄如蟬翼形容）軟化而鬆開，轉眼間，軟嫩的肉片霹哩啪啦落地，好險粟爸手腳快，一把將其抓回袋中，否則真是磕頭謝罪都不夠！

## 1-2 饃之城

「饃主要分為發麵和死麵兩種：發麵饃比較容易咀嚼，口感類似三角燒餅，它適合與各種肉類配合，變身超好吃的肉夾饃；死麵饃則十分硬且紮實，直接吃可以用來鍛鍊牙齒，主要被使用在泡饃系列。」重看多年前的下海首作《玩大陸‧沒事兒》，對照數年後再訪西安的日記，深刻體會自己的毫無長進——除體格由胖胖的粟子蛻變為長長的粟姨，對吃的鑽研偏好與細膩描述簡直如出一轍。作為陝西最著名的特色食材，饃已與當地飲食徹底結合，早晨肉夾饃、中午乾泡饃（煮好時湯汁完全滲入饃內，韌而黏滑）、晚上水圍城（寬湯煮饃，上桌時饃在中央、湯在四周，散而綿滑），別於吃熱鬧的觀光客，日日與饃為伍的西安人，可是貨真價實的吃氣味。

• 西安漢堡——肉夾饃

暱稱「漢堡王」的我，自然與異曲同工的肉夾饃一見如故，每去必嘗的結果，就是親身體驗物價飆漲的可怕與劣饃驅逐良饃的可嘆，前者一翻三倍，後者由自家手工烘焙變為工廠大量生產。「還是妳家餅餅好！」粟家雙親自製的麵食向來廣受好評，時常受惠的旅伴坦言名聞遐邇的饃略遜一籌，不若想像中的清香有嚼勁。我憶起第一次品嘗西安肉夾饃時的震撼，燒燙燙的炭烤饃夾入軟爛濃郁的臘汁肉，外酥脆內綿香，簡單不凡的昔日遠勝平淡無奇的今日，由衷感慨店家為求多快好省而改變饃的製成（從炭火慢烤改為電爐加熱）或索性外包的可惜。儘管品質有下降趨勢，饃仍是市民最偏好的主食，或湯或乾或夾肉或配菜，不變外型卻有百種吃法，不愧是嗑饃成癮的饃之城。

## 誰夾誰

一早獨自外出溜達，前往騾馬市商業街早市途中，巧遇標榜湯濃肉香饃好的老鋪「秦豫肉夾饃」（碑林區東木頭市19號），難得遇上鐵門拉起又無人排隊，趕緊入內搶購最獲好評的臘汁肉夾饃（7人民幣）。不同於隨到隨有名店，堅持僅上午營業的「秦豫」個性十足，不僅開門時間短、售完即收攤導致饕客時常撲空，更常因為種種「人性化」理由無預警歇業：「什麼逢年過節，天氣太熱或其他各種原因都可能關門，所以經常有朋友去幾次都吃不到也屬正常。」幸運遇上千載難逢的良機，自不能錯過，趕緊循前位客人腳步依樣畫葫蘆，先到收銀櫃檯點餐付款領票，再至隔壁櫥窗交票取餐。熱氣蒸騰的開放式廚房內，只見身著白色制服的廚師燉肉、熬湯、煮麵各司其職，負責肉夾饃業務的師傅則是一刻不停地反覆剁肉、切饃，將肉末肉汁由砧板剷起並塞於饃內。為追求「饃酥肉爛又不膩」的境界，收尾動作尤其需要運用手腕巧勁，確是神乎奇技的獨門功夫。

• 秦豫所在的東木頭市，晨間市集熱鬧非凡

看得目不轉睛的當下，新鮮現做的肉夾饃已經組裝完成，混合滷汁的油水迅速滲透牛皮紙袋，所幸外頭還有一層薄如

蟬翼塑膠袋兜著，才不至油膩外洩。歡天喜地拎著得來不易的夢幻肉夾饃，睡眼惺忪的兩位旅伴倒是驚嚇多於驚喜：「早餐這麼油！」不敵我的殷切期盼勉力咬下，隨即露出「滿好吃，但不想現在吃」的複雜表情。就在我活靈活現敘述買饃歷險記的同時，身為文字工作者的旅伴卻畫錯重點：「為啥叫肉夾饃，明明是饃夾肉？」她的疑問並非空穴來風，畢竟照字面來看確屬顛倒……有人指肉夾饃是「肉夾於饃」的簡稱，又或著「饃夾肉」聽來像「沒夾肉」，容易語意混淆。眾說法中，以運用陝西方言的解釋信度最高——人們簡稱夾著其他餡料的饃為「夾饃」，並慣於在兩字前加上餡料的名稱，諸如：菜夾饃、肉夾饃、花干夾饃、雞蛋夾饃等等。

## 夾夾樂

西安隨處可見販賣夾饃的店鋪，名聲響亮的「秦豫」、「樊家」（碑林區竹笆市街53號）、「子五路張記」、「張軍」，獨家連鎖各有擁護，踏實餵飽周遭居民的小館也非省油的燈，位在入住旅社「漢唐居」對面的無名夾饃店，便深得我們支持。與動輒一份6至10人民幣的「名牌」肉夾饃相比，此地2.5至5人民幣的訂價可謂經濟實惠。然而，低廉並不等於便宜行事，以煤炭燉煮的三層肉與熬製入味的花干滷蛋皆十分講究，醬色醇厚的滷肉鹹甜肥瘦恰好，美味直逼「秦豫」甚至更勝「張軍」。肉夾饃與割包相似，可隨喜好挑選肥瘦比例，不似一些名店選特定部位需加價，此地一律平等，端看客人有無勇氣說出「我要全肥」！至於以自助餐方式呈現的菜夾饃，內餡有炒紅蘿蔔絲、辣炒酸豇豆、涼拌高麗菜、清炒豆干等食材簡單、調味鮮明的熟菜，2.5人民幣可隨意挑選兩樣（加價加選），不只售價僅是肉款的一半，包羅萬象更得旅伴讚賞。貼心的是，無論何種餡料的饃，最終都會撒上爽脆夠勁的青辣椒末與生洋蔥絲，確是口感多元、滋味多重的「西安漢堡」。

選擇組合多如牛毛，人人客製夾饃的結果，就是老闆娘忙如高速旋轉的陀螺，不斷在狹長走道來回奔波，一會兒轉身翻烤生饃、揉麵糰，一會兒快刀切開熟饃、剁滷肉。負責所有點餐找零之餘，時不時還得遞上幾碗熱呼呼的雞蛋醪醩、幾瓶冰涼涼的冰峰汽水，很有一婦當關、客來我擋的騰騰氣勢。「不要那個、不要這個，要多點那個……」人稱聖母娘娘的旅伴一號性情極佳，獨對飲食無法妥協，光顧家鄉早餐店時「眉角」甚多、傳為佳話（個中經典是，一家人分別點很燙的熱奶茶、手

• 孜然夾饃別有一番西北風味

• 菜夾饃選擇多樣，滋味不遜肉版

可抓杯的溫奶茶與有冰塊的冰奶茶，回家後卻一併倒入鍋中加熱），來到西安同樣不改其志。「妳是要這個、還是那個，還是不要這個、那個？」熱愛菜夾饃但又對某些菜色存有芥蒂，加上些許的猶豫不決，造就俐落老闆娘難得「跳針」的珍貴畫面。

## 泡饃，免了！

三度遊西安的我，相當程度影響首次造訪的旅伴，因此大雁塔不去、華清池跳過、半坡遺址犧牲、大唐芙蓉園敬謝不敏，反而將大把時間耗在回民街、書院門……「西安旅遊局真不能聘我！」固然喜愛此地人文美食，卻對門票昂貴的景點挑三揀四。本不想將如此偏見禍延飲食，開口閉口「妳們可以試試」，未料曾在台灣嘗過泡饃的兩人有志一同：「免了！」輕易拒絕這項必備的西安小吃。

話說吃泡饃本身正是一場兼具體力耐力續航力且自作自受的活動，時間銀兩空胃缺一不可。才坐定，服務員立馬扔上一個空碗與兩個硬梆梆的饃，客人就會乖乖地將饃掰成便於入口的小塊。「掰饃」過程也是一番心理周折，先是興趣盎然地笑臉，漸漸快樂被「怎麼也掰不完」的洩氣取代，最後只要見到「眼神放空、手掰不停」的黑面人，就知道他等會兒鐵定要吃泡饃。化為碎塊的饃由服務員標記後送至廚房，經歷沖湯、加料等手續，瞬間膨脹成雙倍量的羊肉、牛肉或葫蘆頭（滷豬腸）泡饃冒煙登場。無暇仔細端詳，不斷吸入湯水的泡饃持續長大，越吃越多的景象彷彿是另類聚寶盆！西安市內名店處處，歷史悠久的「老孫家」、「德發長」、「同盛祥」、「西安飯庄」、「春發生」生意最旺，用餐時間人潮洶湧，回民街內的「老米家」也擄獲不少鐵桿粉絲的心。旅伴聽我「食驗豐富」、滔滔不絕，笑問最推薦哪間，不愛喝湯的我文不對題答：「我還是愛肉夾饃……」

「肥肉吃了不膩口，瘦肉無渣滿含油。不用牙咬肉自爛，食後餘香久不散。」使用中文的幸福，是能夠讀懂看通更由此意會美食的美好與美妙，活色生香的七言絕句，貼切記錄西安肉夾饃的獨到之處。漫遊饃城市，最內行莫過有饃隨行，喜歡豐富有料的選夾饃、偏愛純粹麵香的啃白饃，細細品味古都綿延千年的饃生活與食文化。

• 老米家泡饃名聞遐邇

• 雙目無神、面露呆光，是剝饃者的共通症頭

• 肉夾饃現點現製，依肉的肥瘦而有不同價位

• 兵馬俑也跳hip pop?!

## 1-3 他鄉有故知

三度造訪，西安已榮登旅遊排行中僅次香港的熟悉故友，不僅市區主要幹道、知名景點走透看遍，舉世聞名的兵馬俑也有兩面之緣。雖距離道地老西安仍差之千里，卻是能勉強唬住生手的西安通：「王寶釧寒窯、秦始皇墓、半坡遺址一類有時間再訪，楊貴妃洗澡的華清池不少是新蓋的，大唐芙蓉園更是百分百的現代復刻版，小雁塔比大雁塔值得一去，至少還能見到真古蹟。總體而言，最推薦圍繞整座城市的古城牆、非看不可的兵馬俑、收藏豐富的碑林，還可到文藝風蔓延的書院門刻印章！」耳聞前輩建議的旅伴點頭如搗蒜，去與不去的取捨，全在我的主觀認定之間。

• 名列世界文化遺產的兵馬俑

• 兵馬俑肅穆莊嚴

• 氣韻典雅的碑林博物館入口

• 栓馬樁群也是碑林熱門看點

小雁塔古意盎然

巧合的是，與兩位好友結識的原點，恰是記載滿滿遊中國趣事的首本著作《玩大陸・沒事兒》，書中對稱作「一個饃城市」的西安著墨甚深，幾乎占去近三分之一篇幅。時光倒流七年，任職出版社的兩人直覺粟家三口的悲慘搞笑自助行足以博君一笑，於是火速見面簽約排版印刷，瞬間達成粟子小姐以為此生遙遠不可及的出書願望。「真可謂與故知遊故地！」往事歷歷，怎料到當年高高在上、「道貌岸然」的圓夢天使，竟會成為同甘共苦「玩絲路」的患難拍檔！

## 刻印之交

西安的第三個早晨，旅伴前往「來者必去」的世界級景點兵馬俑，笑言「事不過三」的我自行脫隊，按地圖索驥，來趟西安小獨旅——自鄰近省政府的旅社出發，循解放路往北，見西五路右轉，小繞「革命公園」後繼續往西，遇北大街左轉，於鐘樓搭乘地鐵至永寧門，出站後沿城牆往東，行經湘子門，抵達目的地書院門。別於數年前的雜亂參差，今日的書院門已全面翻修成仿古建築的特色商店街，攤位統一規格採傳統中式設計，步行其間自然萌生漫步中影文化城的錯覺。「不知謝富平師傅在哪？」腿痠艱辛奔波至此，目的當然不純是重訪舊地，更在找老朋友「刻印章」！

• 觀光客必訪的書院門

**掃描看影片**
書院門

• 每每造訪西安都巧遇的手縫毽子奶奶

• 動物立體繡品

• 攤上密密麻麻各種印石

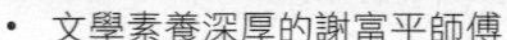

• 文學素養深厚的謝富平師傅

• 現場體驗篆刻藝術之美

回憶多年前結識謝師傅的經過，源自傍晚時分的誤打誤撞。結束碑林行程的粟家，偶然見到周遭零星販賣拓本與現場刻印的小攤，遂興起訂製藏書章的念頭。和其他抽菸聊天、屌兒啷噹的老闆不同，一位戴著眼鏡的中年先生始終埋頭苦刻，耳聞觀光客好奇詢價，他思索片刻後誠懇答：「如果要殺價，就找旁人吧！」在「老闆亂開價、客人猛砍價」的惡性循環下，如此說一不二的態度，反而展現身為藝術家的有為有守。就著越見微弱的天色與逐漸點亮的路燈，謝師傅憑藉深厚功力專注創作，念小學的女兒乖巧站在一旁，直到用印時，他才不好意思開口：「家裡還等著我回去吃飯呢！」臨別前，謝師傅特意送上刻有「青燈古書伴」的石印：「您是讀書人，送您一個好章。」四年後，與家人再赴西安的我，將寫有這段奇遇的《玩大陸・沒事兒》與謝師傅分享，只見他樂呵呵地翻著：「原來您不只是讀書人，還是寫書人吶！」

又過四年，和旅伴挑戰絲路的我，果然在城牆旁、鄰近碑林入口的步行街再見謝師傅。他的穿著、姿勢全然沒變，個性也是一以貫之地不花俏、有人味，聽來客自述「台灣人、曾送書」，他百忙中抬頭、推了推眼鏡：「記得！來過兩次，對嘛？」從謝師傅口中得知，小女兒如今已是中三學生，將朝美術專業進修，內心感嘆時光飛逝的我由衷讚：「真是家學淵源。」未免遭捷足先登，短暫閒話家常的同時，趕緊選好石頭與寫下欲刻字樣，並且習慣性提醒：「這是粟子，不是栗子。」文學素養深厚的謝師傅坦然一笑：「您這是滄海之一粟，和之前一樣，是吧？」等待他「振刀疾刻」的空檔，我也在攤上一隅認真掏寶，陸續相中數個刻有動物與佛陀圖案、「樂此不疲」等風雅字樣的印章。結帳時，沉甸甸一把交到謝師傅手上，言談間他難掩對作品的情感：「您挑得這可值，圖形遠比字體難得多，特費時間、特費心思。」回到旅社，心滿意足的我將戰利品貢在床旁的小櫃子上，見到猶如小山的石頭，旅伴一針見血：「妳……還得背一個月哩！」我竊笑：「也有獻給兩位的小禮，有福同享、有重同扛嘛！」

## 寓購物於奉獻

每赴西安，必會到位於五星街上的天主教西安南堂，因為此處是粟姥姥（即外婆）母校玫瑰女中的所在地。一甲子時光流轉，學校早已杳然無蹤，教堂曾在文革時改作糖果廠，爾後恢復天主堂身分，建築古典莊嚴，內部裝潢採取中式陳設，目前是西安天主教徒的信仰中心。趁著旅伴遊歷碑林博物館的空檔，我依靠腦中與手上的地圖，途經熟悉的水果行、藥房、糕餅店、熟菜攤與姥姥少女時定居的鹽店街，奇蹟般地一步未錯順利直達，感謝天主未讓我成為真正的「迷途羔羊」。

歷史悠久的天主教西安南堂

教堂融入中國文化，內部陳設採中式風格

上午時分，教堂甫結束禮拜，恰巧遇到幾位面容慈祥的奶奶教友，遍尋不著販賣部的我鼓起勇氣開口：「請問教堂旁的聖物小店沒開嗎？」其中一位熱心答：「今年剛搬到外頭，不遠，出教堂大門右拐第三間。」得知喜訊的我連聲道謝，隨即轉身飛奔而去。坦白說，千里迢迢至此，最主要的目的便是印象中價位平實、形式豐富、做工細緻的宗教聖物，這種寓購物於奉獻的自我催眠，已是粟子小姐人盡皆知的癖好。之後半小時，全副心思都投注在快速的挑選與抉擇，件件難以割捨的結局，就是放滿櫃台的繽紛十字架、念珠、聖牌、項鍊、懷錶等小物。面對堆積如山的血拼成果，負責打理小店的修女一臉「頭殼摸著燒」，振筆疾書將品名、數量、金額詳細抄寫於筆記本，不一會兒，純白紙張已被密密麻麻的文字和數字填滿。「怎麼不一樣？我再算算噢。」修女一手指著筆記、一手按著計算機，數字怎麼也兜不攏，原本停手的我又趁機東挑西看、問東問西，讓已焦頭爛額的她更添混亂，反覆加了好幾趟才大功告成，說來真是「（搥胸）我罪、我罪、我的重罪」！

• 精製聖物令人愛不釋手

## 城牆單車記

「這次絕對要在城牆上騎腳踏車！」旅伴見我氣勢騰騰，儘管租金高貴（100分鐘、40人民幣）可比門票，依舊硬著頭皮助我完成心願。回想初登西安城牆，立即被近四線道寬的牆頂震撼，腳下踩著動輒數百年歷史的明代石板，自垛口瞭望，市內景致盡收眼底，真是再舒暢不過，唯獨當時礙於人懶又恐屁股開花（少女粟真是典型的難搞娃兒，討厭走路痛恨運動），放棄唾手可得的腳踏車遊城牆。「唉！錯過真可惜！」看著照片裡迎風暢遊的單車客，快意快活不言可喻，我越想越扼腕，暗暗琢磨若能再去必要雪恥……終於機會來了！

• 西安城牆寬闊非常

「以騎完城牆一圈為目標。」躍上粗胎紋的越野單車，我們撂下自以為不甚艱難的目標，悠悠哉哉，邊賞風景邊互拍沙龍照。如此毫無警惕的心態，直到租約剩20分鐘時赫然覺醒：「才從南門經西門騎到北門，僅僅一半而已！」掐指一算，若要趕完全程已屬天方夜譚，衝到東門尚有一絲希望。確定目標，三女頓時車神上身，不畏石路顛簸，繃緊大腿猛力加速。日日騎腳踏車載愛犬往來榮星花園的旅伴一號一馬當先，望著她輕鬆自在卻飛快消逝的背影，我發自內心感嘆：「果然有鍛鍊有差！」距離還車期限不到5分鐘，總算趕在最後一刻抵達東門單車站（東南西北四門各設有一處單車站，可不同門借還，超出時間需額外計費），許久未如此激烈運作的肌肉嚴重僵硬，實在是自己不知輕重的代價。事後查詢才知，城牆周長13.75公里，加上路況崎嶇起伏，要在時限內周遊一圈絕非易事，還車時就見一位渾身汗涔涔的小哥，得意洋洋對租車小妹炫耀：「我回來咧！」連續兩日挑戰才如願達成壯舉，可見難度之高！網友說得好：「城牆騎自行車真是個體力活。」

「您幾時再來？」謝師傅問得自然，我也答得爽快：「三週後！」「這麼快？」這才明白他指得「再來」並非我想當然爾的絲路行結束後的重返，而是再次從台灣飛到西安。「或許三年後！」掐指一算，我的驛馬星確有三載

一度奔西安的慣例，如此一而再三的造訪，真是始料未及的緣分。目睹千年古城由樸實而摩登的變幻，心態是非常真實的憂喜參半，進步固然增添無限便利，卻也使城市落入千篇一律的全球化漩渦——路邊油炸薯餅小攤被光鮮亮麗的西洋速食店取代、人味十足的小市集不敵都市規劃而消失⋯⋯。眼前的西安越發漂亮新穎，不知下個三年後，故知是否依然如故？

鐘樓旁首度與摩的交手

## 1-4 摩的王子

抵達西安當晚，直奔熱鬧喧囂的回民街胡吃亂逛一陣，回過神，雙腳已乏得不聽使喚，儘管旅費錙銖必較，但基於「錢要用在刀口上」的原則，此時不「打的」（招計程車，大陸慣稱計程車為「的士」）更待何時？無奈正值交通尖峰，位居西安市中心的鐘樓圓環更是壅塞嚴重，計程車看似滿山遍野，實際十分之九都已載客，剩下一台即使空車也是見招不停，聽聞是趕著換班，若延遲將遭罰款。

萬念俱灰之際，一位駕駛三輪「摩的」（「摩托車的士」的簡稱，於摩托車後方加裝能載二人同向或四人相對的鐵皮車廂）的師傅邊瀟灑抽著菸、邊堆起笑容問：「去哪兒？馬上走！」我們報出旅館名稱，只見他盤算數秒後開口：「漢唐居，我知道，就在北大

• 摩的成群結隊出動

街拐進去……，**15**塊錢好不？」在那汗水雨水交加、身心疲憊不堪至極的當口，三人殺價二字暫時拋到腦後，樂得接受「摩的王子」的邀請，歡天喜地跳上他身後的四人座小車廂。殊不知，即將經歷一場命懸一線的橫越車道大亂鬥！

## 摩的驚魂

「哇嗚！喔啊！夠夠！天吶！！！」自上車那刻，坐在對面的兩位旅伴始終沒機會闔嘴，頻頻發出駭人驚呼，視角與師傅相

• 叫不到車？摩的大叔使命必達

同的我一時還摸不著頭腦，等轉身一看才驚覺事態嚴重——摩的正在塞滿大小車輛的圓環正中央逆向大迴轉，來自四面八方的車燈刺得幾乎睜不開眼、各種喇叭聲轟炸不絕於耳，甚至屢屢與身邊車輛「擦車而過」……由於眼前畫面太過驚悚，導致害怕過頭的我們瞬間無法抑制地狂笑，寫實體會什麼是所謂的「笑看生死」、「置死生於度外」！

不到十分鐘的車程，卻在心中烙下難以磨滅的印記，下車時仍然步履蹣跚、驚魂未定。對比兩位首度來到西安就立刻接受摩的震撼的旅伴，已是「三度三關」的我其實早有預期……見我一副事後諸葛，友人一針見血：「有嗎？妳不也驚得唧唧叫。」「嘿嘿，對啦！」相較這次的大馬路驚魂，數年前體驗的回民街鑽小窄巷、強「嗶」行人讓路顯得微不足道，畢竟那時的摩的還沒現在這樣囂張?!

## 不得不惡

「坐公車靠猛擠，打出租靠運氣。」近年，西安市區普遍面臨「打車難」的窘境，面對態度高傲「的哥」（計程車司機），絕望的乘客發展出一套既無力又無奈的順口溜：「太近不拉，太遠不拉，堵車不拉，行李太多不拉，路不好走不拉，心情不好不拉，總之拉與不拉看緣分。」每逢通勤時間，人潮車潮洶湧的火車站和市中心就被在

• 摩的常在各交通要道埋伏

商言商的師傅視為畏途，寧願空車也不肯自尋堵路。的士、巴士供不應求，見縫就鑽、違法載客的「黑摩的」一躍成為飲鴆止渴的不良之方，市民雖對安全很有疑慮，也認為對交通秩序破壞甚鉅，卻還是為圖便利搏命一搭。

摩的車資由師傅按照遠近隨心喊價，一般10人民幣起跳，較計程車略高，活動範圍主要在鐘鼓樓、回民街、書院門等西安城內周邊。根據幾次搭乘經驗與暗中觀察，這群橫衝直闖、藝高膽大的「摩的王子」或「摩的公主」多屬盜亦有道，講好價碼便加足馬力騎往目的，巧立名目、臨時加價、繞路索費等交易糾紛並不常見。

## 還是摩的好

結束漫漫絲路行，扛著多到驚人、重到嚇人的行李，欲由旅社前往數公里外、鐘樓酒店旁的機場巴士乘車處，卻怎麼也攔不到車……正愁延誤行程，一台摩的映入眼簾。小小包廂光擠進三個大人已屬勉強，還能再塞入三個厚重背包、行李箱與提袋，腳邊手邊毫無縫隙，全身只剩脖子能夠自由轉動，令人不禁懷疑：「載得動嗎？」

師傅深知此行艱辛，出發前狂催油門，摩的一面發出聲嘶力竭的吶喊，一面以一貫地靈活姿態穿梭擁擠車陣。為抄捷徑，他由車開的柏油路一路騎到人走的紅地磚，最後直接迴轉停在機場接駁車六號線站牌旁的人行道上。不僅助我們及時趕上巴士，更直接穿越專營機場線的「勾勾纏」的士司機陣，堪稱最貼心的使命必達。

絲路之旅的開端與結束，都與摩的息息相關，這份不解之緣至今仍念念不忘、津津樂道。「摩的真不是蓋的！」舉凡私下閒聊或與親友分享，總不忘提他一筆。對初來乍到的觀光客而言，這項集快速便捷與製造混亂於一身的「魔性の的」，確實為西安增添一番令人咋舌的刺激與活力。

# 印章源流考

作為日常不可或缺的信物，印章除驗明正身的法律效力，亦擁有相當高的藝術價值，熱中此道者不僅講究材質，字體更被視為具深厚底蘊與個人素養的篆刻藝術。據《後漢書》等史籍記載，印章的使用可追溯自三代（夏、商、周），春秋戰國時期已十分普遍，當時統稱為「璽」，秦一統天下，將「璽」（皇帝）與「印」（臣民）分流，唐武后時改「璽」為「寶」（因璽與死音近），其後朝代採取「璽」、「寶」兼用，時至今日，印章的俗名包括：印信、朱記、圖章、戳子等。

印章上的篆刻按照印文凹凸，分為朱文印（陽刻、陰文）與白文印（陰刻、陽文）兩款；按印文內容，則有肖形印（動物圖案）、四靈印（龍虎鳳龜）、鳥蟲書印等類別。風格方面，延續傳統篆刻藝術的印人，多以歷代名家為師法對象，並建議從字體平穩方正、肥滿規則、易於學習的漢印入手。綜觀印文的字體、布局和刀法均是左右篆刻效果的重要因素，藝術修養與雕刻技巧缺一不可，融會貫通者甚至不需寫稿，信手就能在石上運刀。

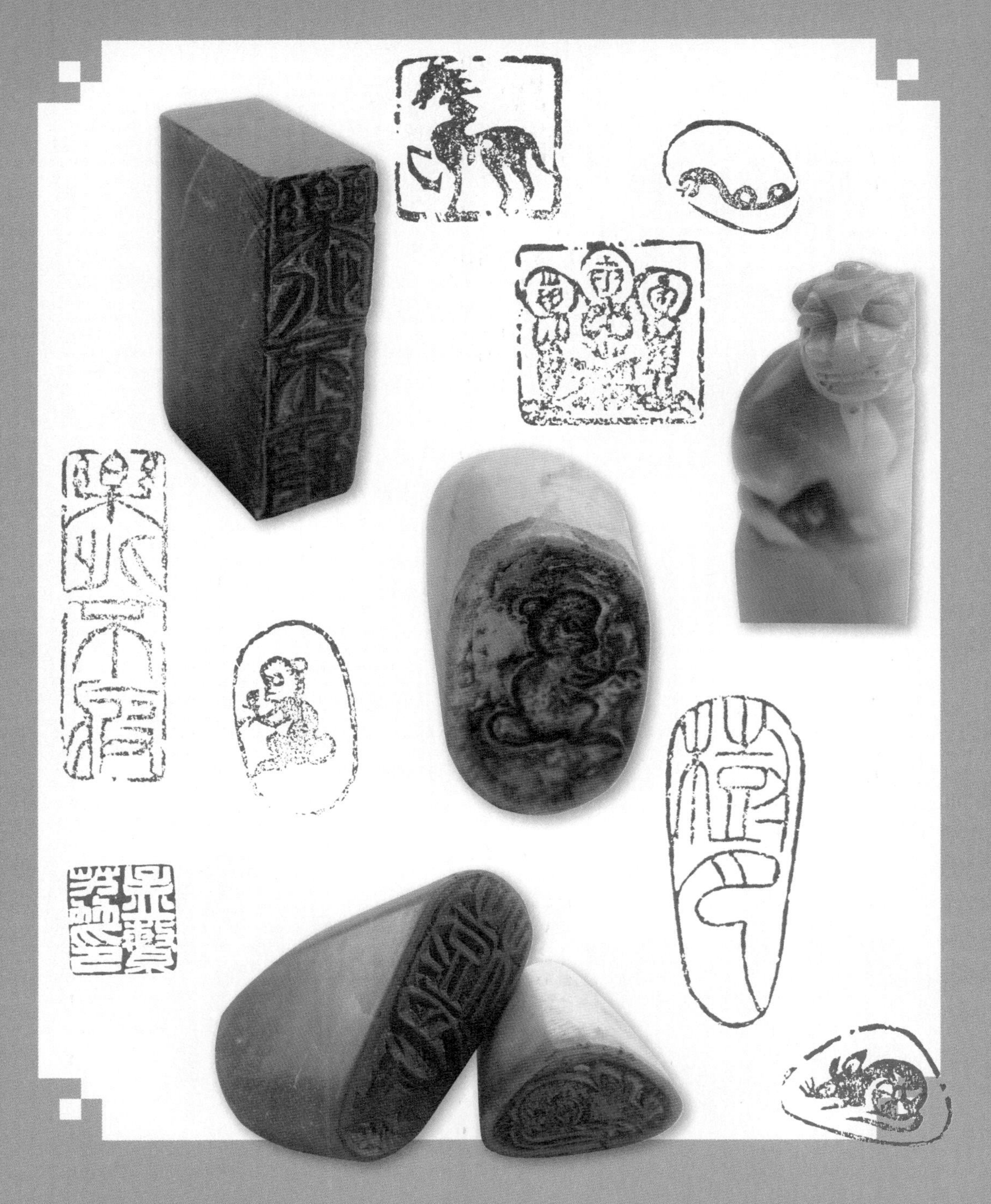

# 手縫針線活兒

納鞋底、做鞋幫、繡花樣、上鞋幫……曾經是傳統女性擅長的針線活兒，如今已是逐漸被機械大量生產所取代的手作工藝。販賣手縫鞋的清一色為奶奶級的年長女性，常在商業區、火車站或知名景點附近擺攤，於地上鋪一塊布料與舊紙盒，再將手作的童鞋、鞋墊、棉襖、毛線帽等整齊陳列，其中以精緻小巧的童鞋最令人愛不釋手。除了款式樸素、縫製牢靠的實穿鞋，也有用色鮮豔、繡上老虎圖案（傳統習俗相信虎可驅鬼避邪，保護孩童免受疾病侵害）的虎頭鞋，後者作工格外繁複，不僅需使用刺繡、撥花、打籽等細膩針法，也要兼顧虎頭的配色（通常以紅、黃為主）、輪廓（運用鑲邊技巧）與動感（讓虎鬚隨風飄動），使其產生如漫畫般既威猛又可愛的繽紛效果。

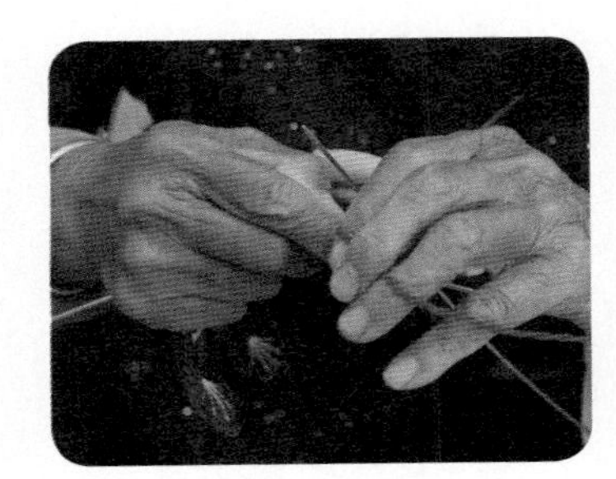

王
王
王
王

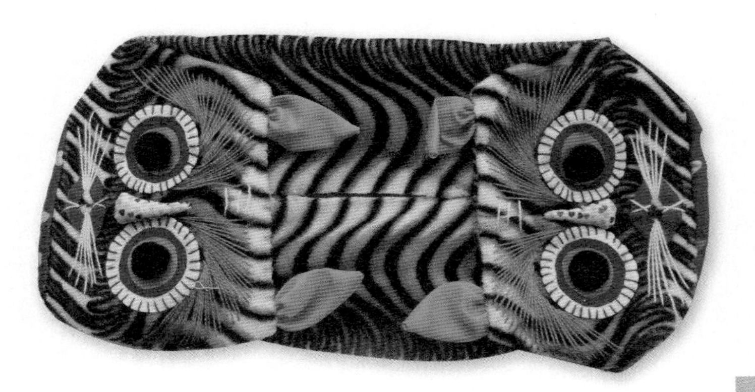

**掃描看影片**
煎餅果子製作全程

# 煎餅果子

街頭隨處可見的風味小吃「煎餅果子」，製作便捷、十分美味，類似台灣的蛋餅夾油條，唯其調味更濃郁、口感更酥脆。煎餅果子發源於天津，是以山東煎餅包裹江南油條（北方稱作菓子，或寫作果子）的混血食物，中國各處都能見到蹤跡，用料因地制宜，是廣受各地人喜愛的早點首選。販賣煎餅果子的流動攤位，大多出現在人流密集的路口或商業區周邊，現點現做，從生料到熟成僅需一分鐘。內餡除基本的雞蛋、果子（脆且含油量高，較像老油條），也可包入真空裝的熱狗香腸（通常是粉量偏高的熱狗）、醬菜、蔬菜等。老闆通常會邊製作邊詢問食客喜好，適時增添或刪減配料，以符合個人口味。

將麵糊置於燒熱鐵板後，以 T 字形木棍迅速推開

把蛋液平均推散在麵餅上

待蛋略凝固時翻面，於另一側刷上一層甜麵醬

放入果子後先將餅捲為長條狀，再以鏟子輕壓對摺成三等份

用鏟子輔助裝入塑膠袋（製作過程中老闆不接觸鈔票，顧客需自行找零）

10.08

# DAY 1

## 抵達西安

**行程** 前往鐘樓

**住宿** 漢唐居精品青年酒店

**日記** 接駁車車程一小時，車上人多、異常悶熱。晚上至回民街溜達，物價飛漲，買三灌湯包地板油膩膩，湯包有湯率極低，令人失望。烤肉價格飛漲，一串要5人民幣以上，難得遇上0.6一串，但一次得點20串，每串肉少得驚人，不知如何串上，高難度手藝。乘摩的返回旅社，自鐘樓至漢唐居，四人座、大逆向、若無其事遊走於車陣，驚險刺激非常，人生難得經驗。

## 旅遊資訊

### 機場巴士

網址：www.cwagi.com

電話：4000-787-737、029-88798787

可上網查尋機場巴士路線、時刻、票價等相關資訊，往市中心鐘樓可搭乘六號線，票價26人民幣。

### 漢唐居精品青年酒店

網址：www.itisxian.com/index.html

信箱：hantanghostel@163.com

電話：029-87389765

地址：西安市新城區南新街南長巷32號（新城廣場南側）

資訊：住宿環境舒適乾淨，提供免費無線網路，一樓為餐廳，晚間有現場演唱，屬小而美的洋派旅館。缺點是館內無電梯，行李需自行搬運，與鐘樓有15分鐘步行距離。

### 西安賈三清真灌湯包子館（回民街店）

電話：029-87257507

地址：西安市蓮湖區北院門93號（近鼓樓）

營業時間：AM08：10～PM10：00

資訊：回民街老字號餐館，隨時高朋滿座，以牛肉、羊肉、三鮮等灌湯包聞名，皮薄餡鮮，其他如酸辣肚絲湯、麻醬涼皮、甜品八寶粥桂花等，均為人氣美食。

### $花費清單

- 機場巴士78（機場→市區@26*3）
- 漢唐居340（單人間140+雙標200）
- 路邊小食27（豬肉、肥腸）
- 賈三灌湯包33（羊肉17+牛肉16）
- 摩的15（西大街→旅館）
- 蒙牛雪糕15（@5*3）

---

- 小計508

10.09

# DAY 2

## 抵達西安

**行程** 新城廣場、明秦王府城牆遺址、天主教西安南堂、（旅伴：碑林博物館）、書院門、東木頭市、鐘鼓樓、大清真寺、回民街

**住宿** 漢唐居精品青年酒店

**日記** 一早至東木頭市、南柳巷、騾馬市早市，購刷醬蛋餅、秦豫肉夾饃為早餐，欣賞熱鬧菜市場風景。小遊新城廣場後各自行動，徒步前往五星街上的西安南堂（同一時間兩位旅伴前往碑林博物館），找路過程意外順利。中午於碑林會合，竟於書院門再見數年前曾光顧的老太太手工毽子攤。在東木頭市刀削麵館食手擀麵和米線沙鍋，飲西安著名的冰峰汽水。傍晚前往回民街，途中在鐘樓旁購得鐘樓奶糕，後入大清真寺參觀，晚餐連續品嘗燒雞、烤肉、糖葫蘆、石榴汁、餡餅、餛飩、擀麵等，食量明顯提升。

## 旅遊資訊

### 西安碑林博物館

網址：www.beilin-museum.com

電話：029-87210764

地址：西安市碑林區三學街15號

營運時間：旺季（3月1日～11月30日）AM08：00～PM06：15（5月1日～10月1日延長至PM06：45）、淡季AM08：00～PM06：00

票價：旺季75人民幣、淡季50人民幣

交通：搭乘公交車於「文昌門」站下車

資訊：集漢代至清代碑石、墓誌數千件，典藏量居中國全國之冠，包含王羲之、歐陽詢、顏真卿、柳公權、蘇軾、趙孟頫等名家真跡刻石。

### 西安鐘樓／鼓樓

電話：029-87274580／029-87274580

地址：西安市碑林區東大街（東西南北大街交會處）／北院門南端（距鐘樓約200公尺）

營運時間：旺季（4月1日～10月25日）AM08：30～PM09：30、淡季AM08：30～PM06：00

票價：35人民幣；鐘樓＋鼓樓套票50人民幣

交通：搭乘公交車於「鐘樓」站下車，或乘地鐵「鐘樓」站下車

鐘樓落成於西元1384年，相傳最初是由明太祖朱元璋為鎮蛟龍避地震而建，原址在1公里外，後因應市中心移轉而遷建至現址。

### $花費清單

- 漢唐居240（3人房）
- 市場早餐12（肉夾饃7+刷醬蛋餅3+香蕉2）
- 奶糕3（酸奶1.5+煉奶1.5）
- 餛飩麵18（牛肉拚麵+餛飩）
- 石榴汁6
- 餡餅8
- 燒雞27
- 糖葫蘆3
- 冷飲16（汽水+啤酒+茶）
- 麻醬麵5
- 烤肉串12
- 碑林博物館150（@75*2）
- 清真寺75（@25*3）

---

- 小計575

10.10

# DAY 3

## 驚人長征

**行程** 騾馬市早市、小雁塔、西安博物院、陝西歷史博物館

**住宿** 漢唐居精品青年酒店

**日記** 早上同往騾馬市，購買睽違數日的青菜（白菜、豆子、山茼蒿、玉米等），早餐再是大獲好評的刷醬蛋餅與肉夾饃。乘地鐵由鐘樓至南稍門，步行數分鐘到小雁塔，一度以為可在此取得陝西歷史博物館門票，後才知是美麗錯誤（此發放的是西安博物院門票，博物館門票需至現場排隊領取）。看地圖以為兩地相距不遠，展開萬里長征，途經熟食小市集，陸續以雜糧煎餅、熱狗等果腹。正午下走超過90分鐘才抵達博物館，幸運遇上開始發放下午門票，出示台胞證就可領取，每日限額4000張，館藏文物豐富，按照歷史進程規劃動線，非常值得一遊。下午返程完全等無公車，摩的、計程車都客滿，好不容易堵到一輛空車，卻因拒在下班尖峰時間入市區而遭拒。邊走邊攔，終於碰上一位善心師傅，經歷多番險象環生的衝鋒，最終在旅社對面的快車道下車，驚心動魄，14元車資非常值得。晚餐為旅社周邊的小竹籤烤肉，與大叔夥計雞同鴨講樂無窮，花費破百元人民幣卻沒飽，烤肉真非平民享受。

## 旅遊資訊

### 小雁塔

電話：029-87811081

地址：西安市碑林區友誼西路72號

時間：AM09：00～PM05：00

票價：遊客憑證件免費領票參觀、登塔30人民幣

交通：搭乘公交車於「小雁塔」站下車，或乘地鐵於「南稍門」站下車

資訊：小雁塔實為薦福寺內的薦福寺塔，因外型似大雁塔而得名，層層堆疊的塔型為密檐式磚構建築。小雁塔建於707～710年間，以青石砌築塔身搭配雕刻精美的門楣，塔內為空筒式結構，可沿盤旋而上的木梯登塔頂。

### 西安博物院

網址：www.xabwy.com

電話：029-85238032

地址：西安市碑林區友誼西路72號（小雁塔入口）、薦福寺路

營運時間：AM09：00～PM05：30，週二休館

票價：遊客憑證件免費領票參觀（小雁塔入口處領票時間AM09：00～PM04：00）

交通：搭乘公交車於「翠華路」站下車，或乘地鐵於「小寨」站下車

### $花費清單

- 漢唐居240（3人房）
- 刷醬蛋餅3
- 橘子4
- 酸奶6.5
- 市場青菜8.5（白菜+豆子+山茼蒿+玉米）
- 泡麵2.5
- 雜糧煎餅3.5
- 熱狗1
- 午餐23（張軍臘肉夾饃6+孜然夾饃4+牛肉丸湯6+哨子麵7）
- 茉香綠茶10（@5*2）
- 健怡可樂3.5
- 地鐵6（鐘樓站→南稍門2站@2*3）
- 雞蛋糕4
- 計程車14（陝西歷史博物館→南新街）
- 超市椰樹椰汁3.3
- 健怡可樂2.6
- 晚餐小竹籤烤肉113（炒飯8+烤牛肉@0.6*20串+烤羊肉串@1*10串+烤雞翅@6*3+烤雞骨@3*6+烤骨肉相連@3*3+烤雞胗@0.6*20串+涮牛肚串@0.6*20串+啤酒@5*2瓶+可樂4）

---

- 小計448.4

10.11

# DAY 4

## 舊地故識

**行程** 兵馬俑、西安革命公園、永寧門、三學街、書院門、謝富平師傅、沃爾瑪、西安火車站（旅伴：兵馬俑）

**住宿** 漢唐居精品青年酒店

**日記** 革命公園新興運動——球拍反覆接拋球，醫院人潮洶湧。三學街重遇刻印師傅謝富平，他記得之前兩度造訪，其女已中三，學習美術，有家學淵源。自刻「粟子」、贈「樹月」、「翔雲」，均一個50元，雞、鼠、蛇、猴象形圖章一個20元，馬象形圖章50元，三佛像象形圖章120元，「樂此不疲」40元，贈一「情趣」，共計410元。兵馬俑門票150元，貴得嚇人！陶俑紀念品做工小有差異，價格差距7倍（15元擬真與2元Q版），據小販說法，差別僅是兩腿間的陶土有無推開?!以相似度論，確是一分錢一分貨。旅社對面小店的肉夾饃，一個5元、菜夾饃2.5元，菜夾饃內餡有紅蘿蔔絲、炒青辣椒、酸豇豆、生洋蔥、豆芽菜、炒豆干，亦有雞蛋夾饃。肉餡為紅燒肉剁碎，加些許滷肉汁，再一併抹平夾於饃中，可挑選肥瘦。沃爾瑪超市入口在東木頭市，服務員比客人多，忙於彼此聊天，若不改善，不日倒閉。火車站人潮洶湧，購票人擠人，即將首度嘗試傳說中的艱苦硬座。

## 旅遊資訊

**i 秦始皇兵馬俑博物館**

網址：www.bmy.com.cn

電話：029-81399047（講解）、81399127（票務）

地址：西安市臨潼區秦陵北路

營運時間：旺季（3月16日～11月15日）AM08：30～PM06：35（PM05：30停止售票）、淡季AM08：30～PM06：05（PM04：30停止售票）

票價：旺季150人民幣、淡季120人民幣，兵馬俑博物館與秦始皇帝陵景區之間可搭免費接駁車

交通：搭乘公交車307、914、915、游5於「兵馬俑」站下車

資訊：舉世聞名的秦始皇陵陪葬坑在1974年被農民意外鑿開，是世界上規模最大的地下軍事博物館，名列「世界第八大奇蹟」。建於西元前兩百多年，耗時39年的帝王陵寢，兵馬俑不論在數量、質量上均空前絕後，氣勢宏偉、藝術技巧高超，由工匠手工雕琢，每尊長相體態都不一樣，從外觀即可判斷兵種與官階。目前有一、二、三號坑開放參觀，其中一號坑規模最大，陶俑千餘尊及陶馬、戰車等精采非常。

### $花費清單

- 漢唐居240（3人房）
- 漢堡4
- 梨2.4
- 韭菜炸餅2.5
- 蔥油餅3
- 饃7
- 滷肥肉25
- 公車2（新城廣場→火車站@1*2）
- 公車14（西安火車站→兵馬俑@7*2）
- 兵馬俑門票300（@150*2）
- 超市版晚餐26.9（火鍋配料6.21+油辣子泡麵2.5+肥牛卷14.37+上五花肉3.88）
- 預購火車票282（西安→蘭州，新空調硬座，@94*3）

---

- 小計908.8

10.12

# DAY 5

## 如願以償

**行程** 騾馬市早市、鐘樓小區、竹笆市道具街、西安城牆

**住宿** 漢唐居精品青年酒店

**日記** 至前兩次遊西安最常逛的鐘樓小區（鄰近之前入住的鐘樓酒店），糯米燒賣、辣包子等小吃如記憶中過癮可口，竹笆市則有許多專門販售蒸籠等竹木製品的小店，樣樣愛不釋手。中餐是粟家最愛的胖子川菜，儘管店家外形依舊，但老闆似已換人，水煮酸辣魚非常香超級辣，炒菜各個濃郁下飯，吃到翻過來也不過百元，比烤肉划算太多，眾人讚不絕口。第三度到西安，終於一圓「騎單車遊城牆」的宿願，本以為能輕鬆騎完一圈，沒想到拼老命才踩完四分之三，圓夢之旅的代價是，屁股超痛、腿超酸。城門周圍被車道環繞，無紅綠燈、沒斑馬線，離開需搏命穿越快車道，好不容易攔到一台摩的，再度享受流竄車陣的瘋狂體驗。

## 旅遊資訊

### 西安城牆

網址：www.xacitywall.com

電話：029-87283602

營運時間：永寧門旺季（3月1日～10月31日）AM08：00～PM8：30（5月1日～10月1日延長至PM09：30）、淡季AM08：00～PM07：00；其餘各門 AM08：00～PM06：00（5月1日～10月1日延長至PM08：00）

票價：54人民幣；單人自行車40人民幣／100分鐘、雙人自行車80人民幣／100分鐘（押金300人民幣，A站借、B站還，超時加收費用）

交通：搭乘公交車於「文昌門」、「南門（永寧門）」、「朝陽門」等站下車，或乘地鐵於「安遠門」、「永寧門」、「朝陽門」站下車

資訊：超過600年歷史的西安城牆，修築於明太祖洪武年間（1370～1378年），承襲唐皇城基礎，將城區包圍在內，牆高12公尺、牆厚度從底部18遞減至頂部15公尺，總周長13.74公里，分東、西、南、北四座城門。全市有19處登城點可進出，欲上城牆騎自行車迎風賞古城之美，可於四座城門處租車。

### $花費清單

- 漢唐居240（3人房）
- 市場早餐9（蔥油餅2+刷醬蛋餅3+酸菜包子1+雞蛋醪糟3）
- 橘子5
- 路邊點心3（蘿蔔包子1+珍珠燒賣1+麻婆豆腐包子1）
- 川菜館午餐111（松鼠黃魚35+魚香肉絲16+糖醋里雞18+手撕包菜8+酸菜魚片湯25+白飯2+啤酒5+冰峰汽水2）
- 甜筒冰淇淋3
- 城牆門票120（@40*3）
- 腳踏車120（@40*3）
- 超市冰淇淋9（@3*3）

---

- 小計620

# 蘭州

2-1．蘭州吃拉麵｜2-2．小吃的樂趣

【拉麵文化】

• 滔滔黃河貫穿蘭州市區

## 2-1　蘭州吃拉麵

小時聽到蘭州，總萌生一種莫名的嚮往與有名的唾液，不只因為兩字雅緻悅耳，更在後面常跟著湯頭濃郁、牛肉鮮香的「拉麵」！出發前，再三表明「啥都不要」的雙親，獨獨欽點蘭州拉麵泡麵版，畢竟它猶如麵界的金字招牌，千里迢迢來到貴寶地，豈能空腹空手而回？為了不負眾望，近年越發無法承受辣油的我，不顧軟弱消化道哀嚎大啖熱燙麻辣的正宗蘭州拉麵。面對白煙蒸騰、油油亮亮的好大一碗，才知從來視為理所當然的牛肉麵有湯有肉，在此卻是理所當然的有湯無肉！

作為甘肅省省會、西北鐵路樞紐、中國版圖幾何中心的蘭州，市中心不乏百貨公司、連鎖速食店，和許多大陸頗具規模的中型城市雷同，眼見耳聞大同小異。所幸，鄰近火車站與商業區間的小巷弄（如：天山南路周邊、河水道）仍聚集一些販賣蔬果、乾貨、熱食與生活五金的傳統市場，來回其間，更能感受專屬蘭州的獨特氣息。除了名聲遠播的拉麵，貫穿市區的黃河沿岸也是必遊景區，膽子夠大、熱中冒

黃河第一橋「中山橋」

羊皮筏子

險，大可乘「世界遺產」羊皮筏子或搭動力小艇遊河，體驗置身「歷史洪流」的漂流之旅。曾多次目睹身穿救生衣的遊客高速順流而下，頭快被吹掉外加雞貓子喊叫，驚心動魄的刺激程度絕不輸精心設計的人工樂園。

• 蘭州拉麵是馬家天下

• 到蘭州豈能錯過拉麵？

## 馬先生賣麵

知名度極高的蘭州拉麵始於清朝嘉慶年間，東鄉族人馬六七在河南學成後，將烹煮牛肉麵的技術帶入蘭州，再經徒弟馬保子發揚光大，成為講究「一清（湯）、二白（蘿蔔）、三綠（香菜蒜苗）、四紅（辣油）、五黃（麵條黃亮）」的蘭州特產。別於台灣慣於在午晚食用，不少當地人將其視為「一天的開始」，麵館往往早上六點半已有客人陸續上門，十點多更是門庭若市，唏哩呼嚕聲四起。一般而言，蘭州麵館的點餐過程大同小異，多數不設上菜服務員，而是由顧客到收銀處點餐取票，再將憑證交給煮麵櫃台、端托盤自助領麵找位。從點到煮一氣呵成、手腳俐落，扣除排隊等候的時間，全程不超過五分鐘。需提醒的是，店內大多油膩擁擠、吵雜非常，端時需小心熱湯飛濺，吃時也得留意隨身細軟，以免一頓熱辣過癮後，飽了口腹、沒了荷包。

或許和創始人有關、亦可能是經營牛肉麵的多為回族（俗語說：十個回回八個馬），時至今日，蘭州拉麵的知名連鎖品牌「馬有市牛肉麵」、「馬子祿牛肉麵」等均為馬氏天下。店家以牛肉麵（以台灣的說法是牛肉湯麵）為主力招牌，配合海蜇皮、干絲、黃瓜、四季

• 熱騰騰拉（辣）麵上桌

• 辣椒是家家必備聖品

豆、醋溜土豆絲等數樣小菜，無肉不歡的朋友，也可像咱們一樣加點醬牛肉。只是，薄薄柴柴六、七片就要5元人民幣，和超大碗的牛肉麵售價相同，如此說來，吃肉著實有點兒不划算？

## 拉麵好辣

乍看蘭州拉麵不過是麵與湯的組合，能如此屹立不搖、聲名遠播，靠得正是精挑細選的兩者，麵條按形狀分為圓型、扁型、菱形三種，另有粗細寬窄不同，款式多如牛毛；湯底則是以牛肉、牛骨熬製而成，長年不斷滷煮，肉少加肉、水少添水，飲來醇厚順口，因此被稱作「千年牛肉湯」。由於當地人一律嗜辣，廚師常是問也不問就豪邁舀入兩、三瓢的「油潑辣子」，雖然夠香夠麻夠有勁，卻也夠熱夠辣夠駭人，對口味相對清淡的台胞而言，真是一秒變煉獄！

即使念茲在茲「不貳過」，頻頻對煮麵小哥再三提醒：「只要一點點、一點點辣子！」點頭稱好的他，最後還是啪啪啪地將湯淋成紅通通的一片，燙辣交互作用的結果，單是看著就已鼻頭冒汗、食道灼熱。「習慣比殺人還可怕！」旅伴的名言真是一點沒錯，小哥的慣性動作當場害死一吃辣椒就肚痛如絞的我……

• 因腹痛如絞而光顧的毛絨絨咖啡廳

• 尋尋覓覓，終於找到蘭州拉麵泡麵款

• 露天麻將熱鬥中！

## 咖啡好毛

辣呼呼牛肉麵下肚半小時後，果然不出所料，腸胃間歇性地狂痛起來，而且頻率越來越密集，旅伴見我的臉色一陣青黃，提議找間咖啡廳稍事休息。沒想到，這類小店在蘭州十分罕見，兜兜轉轉好一陣，總算找到從外來看來氣氛頗佳的「LOFAIR洛菲咖啡館」。室內裝潢以桃紅色、水藍色沙發為主軸，牆上掛滿照片、畫框，隨處裝飾或大或小的絨毛玩偶，整體而言具設計感，不難想見老闆開店之初的雄心壯志。可惜的是，隨著時光推移，久未徹底清理的地毯、桌椅都彷彿蒙上一層厚沙，水藍色成了淺灰色，玩偶近看則有混合油垢與塵埃的灰漬，塵埃掩蓋精心營造的童趣感，整間店顯得灰暗暗、毛茸茸。

低聲品頭論足的同時，打扮時髦的服務員送來印製精美但飽受摧殘的菜單，「一杯熱美式28元，可以吃五碗牛肉麵外加兩盤非肉小菜！」三個女人瞠目結舌，加上隔壁動輒十幾元人民幣的麵包蛋糕，大嘆蘭州洋味的消費水準與台北東區不相上下。

抵達蘭州後，舉凡經過各式大小超商、便利店，都衝進搜索蘭州泡麵的蹤影，未料世界聞名的「拉麵聖地」早被「康師傅」以排山倒海之勢攻占，左看右翻都是紅色包裝的「康師傅紅燒牛肉麵」。正感嘆大企業獨霸市場之際，終於在貨架一隅找到產地標明甘肅蘭州、名為「啦啦啦」的正宗蘭州拉麵泡麵，可貴的是，「啦啦啦」不僅使用非油炸麵餅，亦著力複製蘭州當地口味，調味料除粉狀的料包（濃縮拉麵湯料、鹽、味精、雞精）、液狀的辣子牛油包（牛油、植物油、辣椒、芝麻、天然香料），還有增添風味的肉菜包（冷凍犛牛肉、蒜苗、香菜）與醋包，用心可見一斑。別於同類商品將調料一股腦擠進碗內，再注入滾水的一次OK方式，「啦啦啦」特別提醒食客：「吃完拉麵喝湯時，適量放入醋包。」嗜酸如我，自然是整包添加，至於讓人噴火的辣油則敬謝不敏……

色香味俱全的蘭州拉麵下肚，旅伴和我不約而同懷念起湯濃肉嫩、變化萬千的台灣牛肉麵。月是故鄉圓，其實不只家鄉的月亮順眼，食物也是家鄉的滋味最順口。

## 2-2 小吃的樂趣

相較門面桌椅齊備的大餐館，我更愛小本經營的路邊攤，或煎或炸或烤或蒸，快速烹調、新鮮入口，是最令人難忘的在地美味。停留蘭州的時間雖短，卻充分享受這種邊逛邊看、邊走邊嘗的樂趣，從清晨的餡餅到傍晚的滷肉，不僅滿足口腹之慾，更親身體驗或酸或辣或甜或麻的西北飲食風情。「您打哪兒來的？」賣各式餡餅的小哥見我東比西問、東拍西照，明明會說普通話、行為舉止卻如外國觀光客，不禁好奇眼前女子來自何方。聽聞答案是遠方小島，對著鏡頭開朗露齒一笑：「台灣人也吃餡餅嗎？」

• 乾果物美價廉

• 在蘭州，檳榔倒成好處多多的戒菸聖品

• 各式燒臘論斤秤兩賣

• 蔬果攤，躲貓貓！

• 堪稱餅版鹹酥雞的香香餅

## 鹹酥香香餅

蘭州人的早餐以麵食為主，除了隨處可見的拉麵，也有不少專賣小籠包與各類餅食的小店或攤販，後者尤其變化豐富，無論燒餅、餡餅、清真大餅……有餡沒餡、用烤用炸，一律香味四溢。清晨外出覓食，率先相中名稱奇特的「牛懸醬香餅」，「用傳統的製作工藝，結合現代的高科技流程。」文案寫得活靈活現、東拉西扯，倒是最重要的原料、作法隻字未提，成了令人摸不著頭腦的「懸疑餅」？走近一看，透明塑膠蓋下是以條狀聚合堆疊、醬色濃重的蓬鬆大餅，上頭灑著白芝麻和青蔥末，隱約飄出混合油炸與類似甜麵醬的烤鴨捲餅香味。由於對8人民幣一斤的份量毫無概念，又擔心香餅不合胃口，買多恐成旅途中最油膩的負擔，於是挑選分量稍少的一人份（3人民幣）。

「好咧！」夥計爽朗應聲，立即沿邊切下小塊斜角，再迅速連剁數刀，利落裝入紙袋。散成數十小塊的香餅，口感Q彈有嚼勁，類似台灣的煎炸蔥油餅，或可比作餅版鹹酥雞。名稱略嫌拗口的「牛懸醬香餅」，被我任性簡稱為「香香餅」，熱愛麵粉製品的旅伴雖然讚譽有加，卻也坦言若口味稍淡將更美味，尤其作為早餐，實在太油太鹹太過分！

年輕夫妻一刻不停地製作餡餅

清真餡餅Q脆美味

小哥笑問：「台灣人也吃餡餅嗎？」

## 餡餅百變秀

蘭州火車站對面，並排停著幾輛活動餐車，其中一間名為「奧可蘭州早餐」的早餐連鎖店，裝潢走西式速食路線，實際則賣酥香誘人的餡餅與豆漿、醪醴（酒釀）、紅豆湯等中式餐點。我向來對餡餅愛不釋口，面對多種餡料更是難以抉擇，幾番掙扎，最終選擇銷路最好的牛肉餡餅（2.5人民幣）。就在小哥熱心介紹的同時，一旁始終沉默的太太片刻不停地揉捏麵糰與擀製麵皮，只見油麵在鐵製工作檯上霹啪作響，韌性筋性彈性十足，頗有幾分印度甩餅的味道。

夫婦連手將餅皮包入餡料，再放置於平鍋上煎熟，除單純餡餅，也可額外加蛋或夾入熱狗（整趟絲路旅程中，常見這種單個塑膠包裝的粉紅色熱狗，不僅附在泡麵內，還能夠油煎後單吃或與餅搭配食用，很得當地人特別是兒童喜愛。由於質地明顯粉多於肉，稱為狀似熱狗的化學粉狀聚合物也不為過），當然，桌上免不了放上滿滿一大鍋供顧客自由取用的辣椒醬。「抹點辣子更好！」嘻嘻笑小哥善意提醒，無福消受的我搖頭婉拒：「難道還嫌肚子不夠痛?!」半煎炸的餡餅外酥內燙、鹹中有香，水準可比台灣中上等級；相形之下，1.5人民幣的熱豆漿就顯清淡，觸感過分柔軟的封

• 樹立於黃河風情線上的黃河母親雕像

• 黃河畔的現烤玉米小攤

膜塑膠杯一拿就凹，不免懷疑是高溫導致的化學變化。無味的豆漿染上無色的毒物，食安問題確是無處不在……

• 色彩豔麗的糖葫蘆樹

## 七彩糖葫蘆

沿著「黃河風情線」徒步漫遊，滔滔江水、金黃楓葉、翠綠柳樹等自然景致固然值得細細欣賞，對貪吃的我而言，外薄脆內酸甜的糖葫蘆更是不容錯過的美味風景。為兼顧視覺效果、容易拿取、便於移動等需求，大嬸將插滿各式糖葫蘆的稻草柱緊緊綑紮於腳踏車後座，未免烈日將糖曬融，上頭還撐著一把小洋傘，邊騎邊兜售、隨停隨賣，純樸可愛。一串4人民幣的糖葫蘆，除了最普遍的山楂，還有色彩繽紛的橘子、香瓜、番茄、葡萄等組合的新鮮水果串。沒被花花綠綠迷惑，我們二話不說挑中最愛的山楂款，水果的酸與紅糖的甜契合非常，確是糖葫蘆的經典組合。

**掃描看影片**
老夫妻合作無間

## 老夫妻滷肉

蘭州市區巷弄內不時有自然形成的迷你市集，攤位以繽紛水果、各類熟食為主，偶爾穿插一些賣雜貨與修鞋、剪髮、改衣服的個體流動服

• 隱藏在迷你市集的在地美味

務業。初來乍到，人潮就是辨別哪間最好的指南，看來不起眼卻吸引當地人絡繹光顧的老夫妻滷肉，完全印證這項「排隊理論」。「肉質軟嫩不失Q彈，肉汁濃郁甘甜，調味鹹淡恰到好處。」三人不顧形象在小攤旁大快朵頤，路人見我們吃得眉開眼笑，也想買塊油油亮亮的滷五花肉、肥豬頭皮加菜，「哎唷，剛賣完，不好意思咧！」熟客忍不住吐嘈：「您這生意太好，不早點來根本買不到！」

• 小攤使用的生鐵盤，意外點燃絲路行的尋寶之旅！

• 絲路行陸續採購的懷舊鐵盤鐵杯

• 看似雜亂的五金店，卻是我們眼中的寶藏庫

• 陶製小甕深得我心，無奈旅途迢迢只得放棄

位於窄巷內的老夫妻滷肉擺設簡單清潔，透明玻璃櫃中放置數塊不同部位的滷肉半成品，確認客人要的大小後逐個秤重計價。老先生將其切成具口感的薄片，再迅速投入身旁的小滷鍋川燙加熱，推估內含花椒、八角一類調料，打包時淋上幾瓢滷汁，滿滿一袋色香味俱全，是旅程中少見善用食物原味（絕大多數是運用濃烈的辣、鹹、酸、麻）的庶民小吃。相較對肉讚不絕口的我，對懷舊器物鍾情非常的旅伴，則是看中放在電子秤上的落漆盤。「不知他賣不賣？」儘管沒勇氣向老闆提出奇特的舊貨交易，卻意外開啟綿延不絕的尋盤之旅——舉凡遇見販售鍋碗瓢盆的

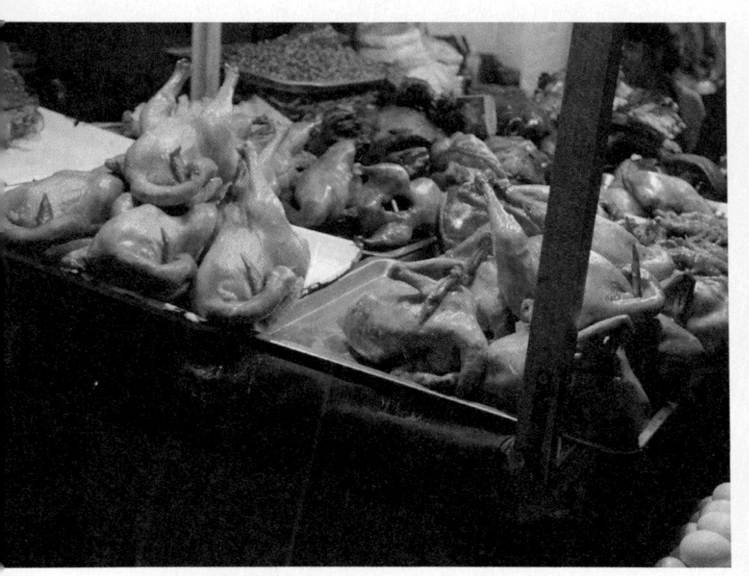

• 燒雞熟菜模樣美味

• 土豆（馬鈴薯）絲煎餅用料實在

• 冰糖釀梨清肺潤喉

五金行，就會入內搜索有無此類生鐵或搪瓷（又稱琺瑯）材質的舊時商品，從蘭州、嘉峪關、敦煌、吐魯番、庫爾勒、喀什、烏魯木齊找回西安，一路鐵桶鐵盤鐵杯買個不停，可謂最另類的絲路紀念品。

涼拌釀皮、土豆（馬鈴薯）煎餅、羊肉包子、燒雞烤鴨……蘭州在地味的CP值明顯高於舶來品，若非萬不得已（如我因肚痛不可堪而被迫到有座位的咖啡廳歇息），實在毋須浪費。「一杯咖啡可以買三斤肥豬肉！」旅伴忿忿不平，痛罵要價28人民幣的美式咖啡溫吞吞又貴鬆鬆、4人民幣的奶油麵包乾柴柴又硬邦邦，遠不及醪醴、餡餅物超所值。儘管對小吃十分激賞，文末還是得冷靜提醒各位淺嘗為上，畢竟西北重鹹重辣，且衛生條件不一，一不小心弄傷腸胃，可就啥也沒法吃囉！

# 拉麵文化

拉麵是蘭州飲食文化不可或缺的要角，當地居民慣稱為「牛肉麵」或「牛大」，日日必備、餐餐可食，不少人也將香辣濃郁、物美價廉的拉麵視為一天「醒胃」的開始。蘭州拉麵的湯頭、麵條均格外講究，前者以牛肉、牛骨等多種食材熬製，後者經師傅反覆揉捏摔打拉扯而成，具有相當高的技術難度。蘭州地區有近四千家拉麵館，裝潢大多樸素簡單，清晨六點半開始營業，不僅用餐時間人潮洶湧，名店更幾乎時刻高朋滿座。店內多採取自助式，先在櫃檯點餐、結帳、取票，憑票至廚房取麵，再自行端到座位享用，約十五分鐘內就能完成整套流程。顧客吃完就走、鮮少逗留聊天，翻桌速度極高，充分體現其「快餐化」的特點。

蘭州人對拉麵的鍾愛，主要源於從小的耳濡目染，密不可分的關係，甚至發展出「從麵條粗細看性情」的理論——「毛細」代表溫柔、「頭細」象徵隨和、粗若兒童小拇指的「二細」則是陽剛、「寬的」屬於豪放，而「大寬」便顧名思義是粗線條的威猛，「以食窺人」十分有趣。

麵

米粉米线
盖浇饭
牛肉拉面

10.13

# DAY 6

## 硬座移動

**行程** 西安（7：37）→蘭州（15：30，終站西寧西），車程共計約8小時

**住宿** 華聯賓館

**日記** 車站附近麥當當廁所相當可怕，站內為開放式，桃子一眼望不完（旅伴一號經驗。驚豔！）。硬座車廂座位隨便換，自由自在（大爺稱每個座位均有人，應拿票位據理力爭），吃泡麵者眾，吃完即拉撒，快意！廁所維持之前程度，勉可接受。中途停：寶雞、天水、隴西（海拔1655m、溫度17˚）、定西。蘭州牛肉麵6元，不見牛肉本人，辣椒油過癮，火車站前天山南路超市眾，地圖一張5元。

## 旅遊資訊

**蘭州華聯賓館**

網址：www.lzhlbg.com

電話：400-7300009

地址：蘭州市城關區天水南路3號

交通：蘭州火車站廣場對面，步行約200公尺

資訊：位於火車站前，交通便利，超過四百間客房，頗具規模。房間整齊明亮，三人房為三個獨立床位，寬敞舒適，退房後可於櫃台寄存行李，每件1元人民幣。

### $花費清單

- 公車3（旅館→火車站@1*3）
- 餅乾4
- 麥當勞早餐30（@10*3）
- 蘭州華聯賓館219（3人房）
- 清真牛肉麵30（@10*3）
- 德克士炸雞店64
- 水果9（香蕉3+梨6）
- 茶飲3

---

- 小計362

# 10.14 DAY 7

## 蘭州

**行程** 蘭州火車站、黃河

**住宿** 火車軟臥

**日記** 早晨閒逛蘭州車站周邊，早餐店不多，小籠包占多數，購買特色小吃「牛懸醬香餅」，牛肉餡餅皮薄有嚼勁，豆漿清淡。黃河風情線可見羊皮筏子，沿途整治尚佳，唯缺特色紀念品。中餐馬有市牛肉麵，一碗5元、牛肉切片5元，小菜（四季豆、醋溜土豆絲）1元。辣油過癮，吃完胃熱熱，炒麵似乎不錯。燒雞、燒鴨一隻16元，雞胗一斤32元，相對之下，咖啡昂貴非常且十分罕見。下午在LOFAIR咖啡度過悠哉時光，環境有設計感，可惜地毯布偶等塵埃重。

## 旅遊資訊

### 黃河第一橋

交通：搭乘公交車於「西關什字」站下車，往北步行約百公尺。

資訊：黃河水流湍急，蘭州居民往來此段均靠羊皮筏、小木船，險象環生。雖自古有「天下黃河不橋」的說法，但為減少居民渡河危險，於清光緒年間（1907）由德商承建黃河首座鐵橋。初名「蘭州黃河鐵橋」，1942年更名「中山橋」，中日戰爭期間為保護橋體，將原本橘紅色的橋樑漆成今日所見的鐵灰色，弧形鋼架拱樑不僅鞏固結構，更添雄偉氣勢。

### $花費清單

- 早餐7（牛懸醬香餅3+牛肉餡餅2.5+豆漿1.5）
- 公車3（蘭州火車站→中山橋@1*3）
- 行李寄放3（@1*3）
- 預購火車票674（庫爾勒→喀什，軟臥下鋪@223*2+軟臥上鋪@213+手續費15）
- 糖葫蘆4
- 午餐32（牛肉麵@5*3+牛肉@5*3+小菜@1*2）
- 外帶滷味47（燒雞1隻16+雞胗22+雞翅9）
- 公車3（廣武門→省政府@1*3）
- 咖啡店84（美式咖啡@28*3）
- 火車888（蘭州→嘉峪關，軟臥下鋪@286*3+手續費15+換票手續費15）
- 公車3（省政府→蘭州火車站@1*3）
- 西點麵包5
- 川燙滷豬肉12
- 水果11（水梨7.7+橘子3.2）
- 飲料13（啤酒8+汽水5）

---

- 小計1751

# 嘉峪關

3-1．非包不可｜3-2．人情紙一張｜3-3．波折一日

# 3-1 非包不可

地處酒泉、玉門之間的嘉峪關市，得名自位居市區5公里外的「天下第一雄關」。作為絲路交通要衝、明萬里長城西端重要關卡，地勢險峻的嘉峪關於1987年註冊為「聯合國教科文組織世界遺產」，由古代看守西域的軍事重鎮蛻變為今日觀光、鋼鐵為主的工業旅遊城市。經歷臥鋪一夜走走停停、滾來滾去，早晨抵達時已是面容憔悴、精神渙散，所幸此地和印象中煙囪林立、廢氣逼人的工業區大異其趣，清涼空氣、乾淨市容瞬間撫慰疲憊身心。

相較同級城市，嘉峪關屬小巧純樸型，由火車站發出的七條公車路線幾乎涵蓋精華區和周邊景點。來時正值通勤尖峰，車流依然順暢，沒有絲毫擁擠繁忙、烏煙瘴氣、溼黏泥濘的惡感。乘3路公車至「蘭新小區」站，站牌旁就是計畫入住的全國連鎖經濟旅社「百時快捷」，雖然房間迷你得可發幽閉恐懼症（開門即見全景，走道僅夠一人通

• 因長城榮登世界遺產的嘉峪關

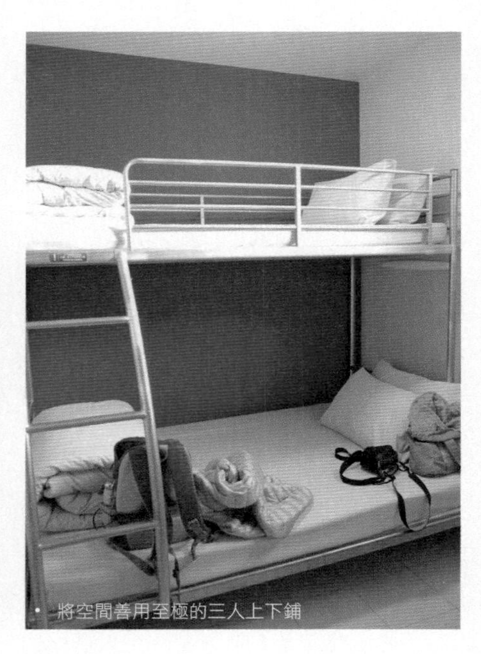

• 將空間善用至極的三人上下鋪

行，床為上單下雙的雙層舖），但價格實惠、整齊清潔，確是背包客首選。自早一路順遂，三人決定趁勝追擊，抓緊時間寫完嘉峪關必修的功課——長城。

## 推銷苦苦纏

乘6路公車至終點站「關城景區」，即可到達AAAAA中國國家級旅遊景區的「天下第一雄關——嘉峪關」，如此不費腦筋、不用轉車的「喜訊」，令不喜周折奔波的我笑容滿面。由市中心「雄關」上車，行經最熱鬧的「汽車站」，之後窗外景致越見偏僻，樓房、公寓、平房、磚屋、土坡……下車時，舉目所見盡是一望無際的筆直行道樹、寬闊無車的新鋪柏油路，以及陣陣襲來的飛沙走石。續走五分鐘，即見多台的士停在第一道入口，師傅或站或蹲或抽菸或抬槓，悠哉氛圍在「獵物」出現剎那打破，紛紛積極遊説拉客。「去過懸臂長城、長城第一墩嘛？要包車嘛？一個景點80……不不，60也行！」被市儈笑臉包圍的我們，對這類「看錢份上」的熱絡深感無福消受。

• 乘公車至景區，再便利不過！

• 景區旁的紀念品攤、藝品店占地廣闊

• 搭車時巧遇表情豐富的可愛小娃兒

• 古物有仿、首飾有假，小買怡情、莫下重本！

長城第一墩牌樓雄偉

揮別包車大隊，往第二道入口途中，隨性轉入免費開放的「黑山石雕群」溜達，區內遊客稀少、岩畫樸實動感，身心警戒放鬆不少……沒想到，另一波好戲馬上接棒登場。「買本《甘肅讀者雜誌》，門票只要半價！」數位頭戴大大遮陽帽的婦女，埋伏在「天下第一雄關」售票口周圍，兜售含半價折扣的特定雜誌，由於轉手利潤逾倍，莫不使出蒼蠅戰術，卯足全力疲勞轟炸。為躲避糾纏，快步逃往紀念品街避難，無奈又成為老闆一早開市的目標，只要目光腳步稍微遲疑，便難逃一陣口若懸河且誠意十足的介紹。

在包車師傅的極力推薦下，搏命走吊橋、穿峽谷

## 不包行不得

門口徘徊半晌，三人異口同聲：「別買票進去了！」過門不入的決定，一面來自身邊纏繞不斷的推銷客；另一面則是「天下第一雄關」景區的知名度與網友推薦度遜於鄰近的「懸臂長城」與「長城第一墩」，加上從外而內眺望的部分遺跡太過完善整齊，破百門票欣賞宛如新建的仿古建築（難道是修復過頭?!），相對不划算。

本以為其他景點也有公車行經，未料答案卻是「肯定得包車」。「一個景點50元，政府監管的公定價，很公道的。」與旅社櫃檯熟識的包車師傅電話連絡，言談間感覺此人口條非常活潑（聲調抑揚頓挫、活靈活現）、態度尚稱誠懇，便委請他規劃半日遊。「網路資料寫一個景點30人民幣咧！」「30？（驚訝狀）那是前幾年，現早不是這個價囉！」試著柔性殺價的我們，最終還是在師傅「萬物齊漲」的説服下接受，畢竟和那群門口拉客的司機相比，他已稱得上盜亦有道。「咱嘉峪關市礦業發達，您看這兒那兒都是西北規模最大的『酒泉鋼鐵公司』開發基地，提供工作機會也蓋宿舍，附近居民大多是員工和眷屬，富得特快。」年約四十的大叔十分健談，自我們上車便沒停地介紹歷史典故、市容市況、開發現況，口沫橫飛的他再三強調自己別於「只會開車」的同行：「對地理歷史總得有所涉獵，您們來此地旅遊，當然想多聽多看多了解嘛！」篤信與人為善的「無路用」三人組接力讚他見多識廣，師傅更是志得意滿：「啥網友微博都有介紹，一天接待好幾組預約客人，可忙著呢，您們真是運氣好！」

## 包車有法門

在幅員遼闊的大西北走跳，包車真是一門必修學問，從收費標準、行程設計、停留時間到司機性格、人身安全，樣樣都需細細琢磨。歸納此次與歷年包車經驗，「蘊含理性的先兵後禮」可謂免麻煩的不二法門——先請司機報價，再根據手邊資料研判此人為取之有道抑或漫天要價，交談後若覺值得信賴，即在合理且不傷和氣的範圍內協商價格。需格外留意的是，部分路線有收取過路費、門票（將車開入景區），以及司機住宿飲食等附加費，正派經營的師傅往往會提出上述情形，並講明是包括在總額內或另外收取。未免糾紛，最好的辦法莫過在談包車費用時強調「統包」，別為貪便宜而

• 千里迢迢就為看這一個石頭墩！

• 入長城第一墩景區時，也需負擔汽車門票

單純以開價作為挑選依據，屆時一會兒這要加、那要補，加加湊湊，超過預算、無端惹氣，著實不划算。

然而，即使已盡力防患於未然，仍難免陰溝裡翻船，粟家曾在烏魯木齊遇上一位熱中蠅頭小利、滿嘴胡咧咧的師傅。愛聽張帝説唱錄音帶的他，也習得偶像的三寸不爛之舌，遊説乘客放棄旅遊書上推薦的吐魯番葡萄溝，轉赴其友人經營、精彩不輸公營景點的觀光果園，滿心期待前往，結局卻是藤蔓乾枯、名不符實。午餐時間，又自作主張開往地處偏僻但裝潢華麗的餐廳，僅僅簡單的炒麵炒飯小菜，各個要價50人民幣起跳，他故作貼心道：「我吃簡單就好。」孰料一頓「簡單」下來竟超過台幣千元！傍晚，師傅稱有急事必須趕回市區，説好的包日莫名縮水為半日……多虧他這般短視近利，助我們省下一筆博感情的小費。

數年前與雙親同遊新疆，自中巴邊界紅旗拉甫返回塔什庫爾干途中，師傅因超速遭公安攔下罰款200元人民幣（幾乎蝕去過半利潤），無妄之災使一路和藹可親、談笑風生的他，瞬間彷彿靈魂抽空，即使聽最愛的刀郎都提不起勁。儘管自喀什出發前已言明罰款自付，但由於雙方相處愉快，最終決定幫忙出這一筆。「這真不好意思哩！」師傅臉上盡是難掩的羞澀與感謝，途中又不著痕跡贈送私房景點。我想，精打細算的目的是在不做無謂的浪費與被當傻瓜海削，殺價的同時也需保有合理的利潤，無須過於算及錙銖、斤斤計較。畢竟包車不只是景點往返，也是人與人之間信賴和互動，留些餘地、多點體諒，既然「非包不可」何不「包到快樂」。

## 3-2 人情紙一張

結束「長城第一墩」與「懸臂長城」的包車觀光，司機應乘客逛市場的願望，送至距離入住酒店「百時快捷」十五分鐘腳程的「鏡鐵路市場」。「哇嗚，好多鍋碗瓢盆、好多色彩繽紛的熟菜、好多過癮甜膩的糕點……」還沒正式開買，已忍不住興奮情緒唧唧亂叫，畢竟比起雄偉荒涼的長城遺跡，人氣人味十足的市場更得我心。

• 寫完長城功課，立刻投入鍋碗瓢盆懷抱

• 當地人的採買首選——鏡鐵路市場

位於嘉峪關市內的「鏡鐵路市場」，聚集生鮮水果、生活日用、服飾皮件、糕餅乾果、各式熟食等多元攤位，整體規劃頗佳，一次滿足各種採買需求。相較日日前來、熟門熟路的在地婆媽，首度造訪的台胞則是名符其實地「劉姥姥上身」，東看西瞧、大驚小怪，尤其見到熱騰騰出爐的食物越發難以抗拒，即使相互提點「勿衝動」，最後還是拎著大糕（軟綿綿雞蛋糕）小包（油滋滋水煎包）回旅社續攤吃個飽！

## 金色誘惑

黃澄澄的麻花、酥餅、開口笑、漿米條、芝麻糖等或油炸或烘烤的糕餅堆滿整間店鋪，後頭還有不斷出爐的新鮮貨色，眼前上演的「金色誘惑」絕對是世上最難抵抗的增肥吸引力！站在玻璃展示櫃前細細端詳，煩惱的不是想買什麼，而是該捨棄什麼，猶豫好一陣，最終決定一人挑一件——雞蛋糕、核桃酥、紅豆酥餅，總計5.5人民幣。心滿意足的我，直到真正咬下那刻，才明白眼見不能為憑……和想像中的蓬鬆軟綿不同，雞蛋糕偏硬且乾柴，甜度低又混有蛋腥味，放入嘴中猶如吸水海棉；核桃酥、紅豆酥餅則屬一般，咀嚼時有酥有香，若要挑毛病，就是欠油餅體有幾分受潮，欠缺酥餅的鬆脆口感。由於糕餅不若預期，這袋「金色誘惑」搖身一變「甜蜜負擔」，由嘉峪關一路拎到敦煌，硬是熬了好幾天才蠶食解決。此後，「嘉峪關蛋糕」便成為彼此間心領神會的密語。

• 現烤大餅色香俱全

• 華麗糕餅是詐騙集團?!

其實不只嘉峪關，整趟絲路行中，無論當地市場攤與洋味麵包店內販售的中西糕餅類產品，或多或少都有質地不夠油潤的缺陷。除了材料配方，西北既冷又乾的大陸型氣候也是重要因素，低溫強風混合風飛砂，短短數日就能將油光水滑的肌膚榨得乾癟無彈性，更遑論暴露在空氣中的蛋糕。

## 烤肉飄香

在市場周邊逛了一大圈，疲憊與低溫促使腸胃呱呱亂叫，熟食區飄來各種或蒸或烤或炒或炸的香味，自然得大快朵頤。餐館以西北料理為主，不只包子、麵條、餡餅應有盡有，還有幾間飄散濃濃碳香的烤肉店。更重要的是，嘉峪關的烤肉在甘肅省中可謂赫赫，嗜肉如我，當然不會放過。經過一番觀察，選中人氣最旺的「眼鏡烤肉店」，一臉酷相的戴眼鏡斯文小哥快速熟練地翻轉肉串、塗抹調料，面對火星四竄、油汁亂噴的危險景象絲毫不為所動，果然是術業有專攻。店內人聲鼎沸，店員忙得不可開交，我們雖已搶到座位，卻始終無人招呼，見熟客自助領取烤肉，只得怯生生向「眼鏡」點餐，忙碌的他簡潔答：「裡面叫！」又過一會兒，飛快奔竄於各桌間的小妹終於送上菜譜。

以牛、羊為主的肉串部位選擇眾多，身為眼花撩亂的外地兼外行，只得挑選最一目了然的羊肉串（10人民幣）、五花肉串（10人民幣）與羊排串（2.5人民幣），而旅途中經常苦無蔬菜可食的半草食旅伴，則相中「看起來」清爽解膩的涼拌三絲（10人民幣）。約莫十分鐘，現烤肉串陸續上桌，裹著厚重香料的羊肉沒有一絲羶味，外皮焦脆濃郁、醬香四溢，內裡肉汁豐沛、鮮嫩非常，真是人生一大享受。至於淋著滿滿鮮紅辣油的涼拌三絲，則是意外妖豔夠味的噴火料理，在氣溫不過十度的室內，竟也邊吃邊冒汗！

## 衛生紙人情

吃得滿嘴滿手之際，旅伴見隔壁桌放著一包已開封的衛生紙，直覺是由店家提供，十分自然地穿越隔壁桌注視的目光，伸手連抽數張。沒想到這不經意的舉動，竟開啟一段絲路行中津津樂道的「衛生紙人情」……「這是我們自個兒帶來的，沒關係，盡量用！」穿著入時的阿姨見旅伴一抽再抽，實在「忍無可忍」，爽朗道破真相，面對這突然其來的「告白」，臉色通紅的我們已分不清是辣椒還是羞愧導致。時空凍結的尷尬時刻，兩度抽衛生紙的旅伴靈機一動：「這是剛買的水煎包，請請！」殊不知這「以包償紙」的舉動，又將眾人推入另一個鬼打牆的深淵，「客氣啥呢？用嘛用嘛。」、「沒關係啦，嚐嘛嚐嘛。」一包衛生紙與幾個包子就在兩桌間端來送去、一團和氣。

由於衛生紙的緣故，開始與隔壁桌攀談，本身是嘉峪關人的她們，長年往來西北各城做生意，人脈豐、見識廣，言談間頗為海派。

• 由眼鏡小哥經營的眼鏡烤肉店生意火爆

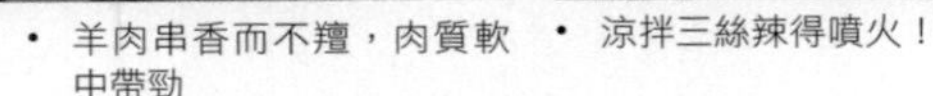

• 羊肉串香而不羶，肉質軟中帶勁

• 涼拌三絲辣得噴火！

• 羊排串調味滲入骨內，使人回味無窮

「妳們滿內行的，找到這間店，他的烤羊骨可好咧！」身著華麗豹皮大衣的阿姨，笑言啃骨頭時必定搞得手指嘴巴油膩膩，偏偏店家不提供衛生紙，因此只要來此打牙祭，就會自備一包應戰。耳聞我們即將前往敦煌、吐魯番、烏魯木齊等處，她熱心提供推薦景點、購物指南、殺價招數等實用資訊，有問必答的實戰經驗談勝過任何旅遊書，確是出乎意料的另類豔遇。

「要碗油潑麵把羊肉拌上，那才叫香！」自稱「嘉峪關土著」的網友短短數字道盡「肉＋麵＋油＝香」的美味公式，果然是愛吃懂吃亦貪吃的民族。誤打誤撞光顧的「眼鏡烤肉店」，不只當地人讚不絕口，更是嘉峪關有口皆碑的金牌名店。2011年，市內舉辦首屆「燒烤文化節」，經過網路投票、專家評選、組委會最終確認等重重關卡考驗，在參賽的六十九間店中脫穎而出，不僅憑烤羊肉串入選「燒烤名品」，更榮登「十大燒烤名店」首位，而其烤羊皮、烤魚、麻辣蝦尾等也很得饕客青睞。返台後在網海搜尋，才知「眼鏡」地位如此崇高、名聲如此響亮，我試圖回味殘留味蕾的肉串滋味，但想起的，卻都是阿姨們知無不言、滔滔不絕的「衛生紙人情」。

## 3-3 波折一日

乍聽悠長的一個月絲路之旅，其實一點也不悠哉，除停留較長的西安、喀什，其餘頂多住宿兩晚，扣除奔走景點與舟車移動的時間，幾乎日日蜻蜓點水、馬不停蹄。城市如跑馬燈般流轉，若要挑出最喜歡的一個，嘉峪關是有志一同的答案。作為古絲綢之路的交通要衝，嘉峪關今日已發展為工業旅遊城市，相較包車師傅口中推動經濟發展的大型鋼鐵廠與遊人必訪的長城遺跡，市區清爽閒適的小城氣氛，反而散發難能可貴的獨特魅力。

儘管對嘉峪關印象甚佳，被行程表追趕的我們還是得按照計畫移動——午前搭巴士前往近四百公里外的敦煌，以便在天黑前抵達目的地。基於凡事盡可能先做準備的原則，早在前一日就先將班次、時間打聽妥當，標明座位號的車票也一併買好。萬事具備的出發當日，我們好整以暇享受美味中式早餐、笑咪咪大啖包子豆漿，好快樂好滿足的三個好吃女，殊不知即將經歷超乎想像的波折一日……

• 吉祥便民早點部，露天炸油條、蒸包子

• 每桌皆有一盆過癮辣油

• 包子滿滿一籠，皮Q餡香真是棒！

## 純樸滋味

「當地早餐純樸滋味佳，蒸小籠包為發麵皮，一籠6元10個，油香恰好。豆漿1元稍淡、溫熱，稀飯為紅豆糯米，濃稠剛好，油條Q韌有嚼勁與麵香，韭菜餡餅料多，韭菜味不若台灣濃，以上均為1元。」趁隙寫下的日記簡潔有力，雖然篇幅有限，仍耗費不少精力描述食物與評論口感，無愧食神阿姨對我的長年調教。位於蘭新路與建設東路交叉口的「吉祥便民早點部」裝潢陽春、地板黏膩，沒有花俏招牌或誘人噱頭，卻是此行最有記憶點、最受推崇的早餐店——餐點夠新鮮夠燙口，件件明碼實價、童叟無欺，CP值極高。旅伴尤其對紅豆糯米粥讚不絕口，走完整趟大西北，依舊不改志向：「粥還是嘉峪關的好！」

店家販售豆漿、豆腐腦、油條、包子、餡餅、稀飯等新鮮現製的中式麵點，隔壁則有間熱氣蒸騰的牛肉拉麵鋪，看來不只蘭州人熱衷此道，嘉峪關也有一早大啖辣呼呼牛肉麵的飲食喜好。光顧「吉祥」的食客絡繹不絕，老闆夫妻一刻不停地在小店門口的人行道上揉麵糰、炸油條，一擀一拉扔進油鍋、一轉一夾瀝油上桌，節奏拿捏恰到好處。滾燙熱油在七度低溫下飄出裊裊白煙，霧氣香氣交互作用，看在飢腸轆轆的行人眼裡，真是最天然的活廣告。內用桌面除必備的大鍋辣油，還有切碎的香菜與酸菜，醬料過癮、配料豐富，當然要給三個讚！

## 詬病重演

「搭大巴重現烏蘭花經驗，即使公營仍以手機拉客、隨停隨載，非擠到滿為止。一直熱心解釋抬行李，中間得換車（瓜州），總之既來則安。」大陸的長途巴士始終為我詬病，就算車票寫明幾點發車、座位幾號，屆時卻常是車不滿不開、座號形同虛設，加上胡亂增加換車點、為壓低成本而棄付費高速改免費省道，種種超乎預期的狀況屢見不鮮，赴大陸十餘次，我已從早年的困惑不滿成長至今日的無奈淡定。行前，特地活靈活現地將苦痛回憶與「新兵」分享，見旅伴神情驚嚇，趕緊尷尬補上：「現在應該已經好多了吧……嗎？」未料，頗具規模與規矩的嘉峪關公營巴士，不只意外讓我重溫整套噩夢，更造成她們難以抹滅的心靈創傷……

逼近發車時間，候車大廳人潮明顯增多，我們繃緊神經東張西望，深怕錯過班次。不久，一位穿著花不溜丟、腰纏霹靂包的大嬸開始剪票，再依循她指示的方向上車。位居前幾名的我們，本以為巴士裡肯定空位一堆，沒想到事實恰恰相反：「明明提很早到，這些人是哪時上車的？」不只行李艙擁擠非常，車裡也已八成滿。票根上的座號一如預期地徹底失效，只有零星空位可以挑選，三人被迫像跳棋般各據一方。驚魂甫定，大嬸馬上以略帶歉意卻沒得商量的語氣告知：「這台車會在瓜州停很久，為了你

• 購票處標示清晰，售票員雖不親切但有問必答

們方便，到那兒就換另一台車噢！」「啥？」話說這種直達車莫名其妙變轉車的奇事，多年前也曾在內蒙古烏蘭花碰過。當時擔心被丟包的粟家和其他幾位新加坡遊客堅持當「釘子戶」，好說歹說就是不走，硬是待在原車上熬，果然一小時後才再度發車，時間白白浪費就罷，還被售票小哥虧：「就跟你們說，換另一台車比較快唄！」

遲遲不見車子開動，部分乘客開始低聲抱怨，忙著查票賣票的大嬸邊一個勁地陪笑臉，邊持續打手機聯絡拉客：「扣掉你那兒三人兒，這兒還有兩個空位，再等等噢……」又拖了十餘分，好不容易駛離車站，巴士又在鄉間小路載了幾個人、幾大包貨，才毫無罣礙地踩足油門飆上高速路。

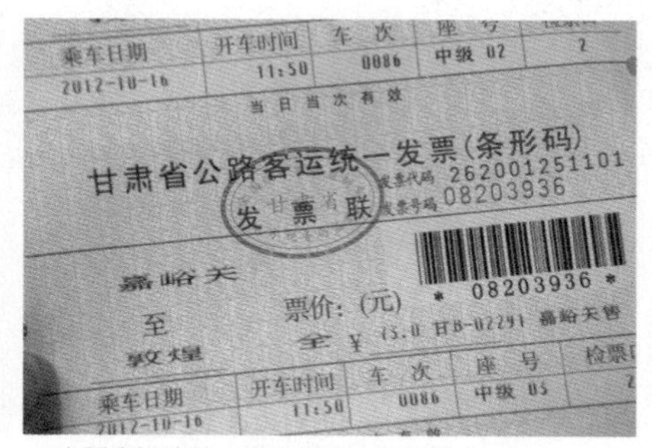


• 車票資訊清楚，班次座號一目了然

## 坦臀相見

搭乘長途巴士，最苦惱莫過內急，未免去排泄麻煩，我們於乘車前計劃性地減少攝取水分，希望盡可能憋到敦煌再一併解決。各位或許好奇，難道大家都有如此高超忍功？答案當然不是，照吃照喝的當地人，大可在休息站快意拉撒，畢竟他們不似我們有「聞廁色變」的難言之癮。

經過三個鐘頭的搖晃，到達中間站玉門鎮，略顯疲憊的司機稱將在此停留十分鐘，同車乘客紛紛下車，或買東西或上廁所或伸懶腰。「如果可以的話，還是等等！」早上多喝幾口豆漿的旅伴略感尿意，我基於先前多次在大陸目睹暨使用無門有蛆廁所的恐怖經驗，權衡之下，暫勸好友能忍則忍。之後一小時，膀胱越見腫脹的她轉入龜息狀態，看似面容平靜、實際波濤洶湧。「真的沒辦法了！」努力多時的壓抑，終於在瓜州爆發……欲轉搭的巴士已坐得滿滿，司機急急趕我們上車，「可以去一下廁所？」「好好，要快要快！」售票大嬸語氣急促，三人飛奔衝往用紅色油漆大大寫著WC的小平房。「用聞的比用看得更容易找到！」騷味濃烈的門口坐著一位白髮蒼蒼的微笑阿嬤，負責收取一次五毛人民幣的使用費。「哇！這這這……」首度見識傳統茅坑的旅伴頓時被眼前景色嚇呆——所有女性在毫無遮蔽的溝槽上神色自若地併排如廁，無論是站著等候或蹲著解決，只要睜開眼，迎面而來就是許多陌生人的赤裸桃子。沒時間猶豫害羞，一心默念「入境隨俗」的我，二話不說咻咻咻神速完成系列步驟，豁出去的爽快直接打動一度「裹褲不脫」的旅伴。事後，笑言從此人生又進一階的她對生猛畫面念茲在茲：「沒想到妳這麼爽快，都看到妳的桃兒了。」我不甘示弱：「彼此彼此，咱們這下真是坦臀相見！」

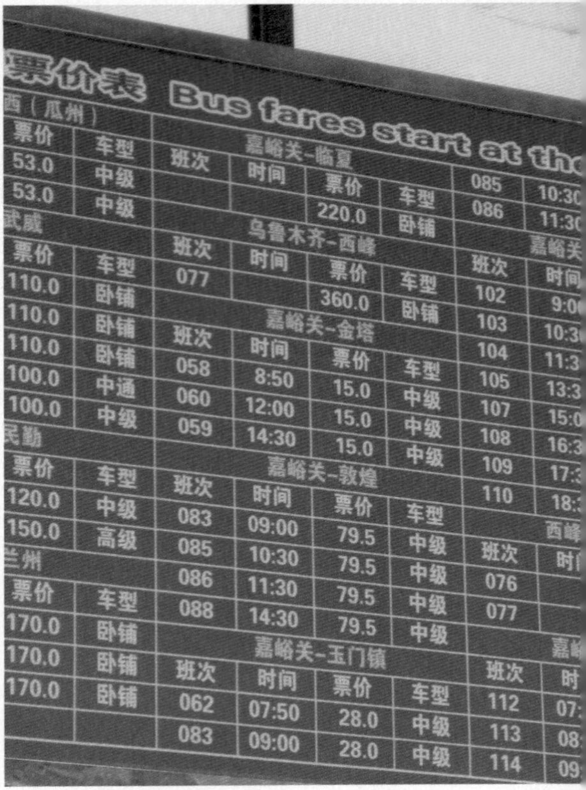

幾番周折，備受煎熬的我們總算來到敦煌。才下車，就接到粟媽的越洋問候，「唉呀，剛上了沒門茅坑，還看到很多便便。」我以特快轉速概略描述一日辛酸，真是貨真價實的「歷歷在目」，多次遭大陸蛆蛆廁所攻擊的娘很能感同身受，爽朗安慰：「不要再想就好

• 班表雖可信但不能盡信

• 途中行經極具規模的風力發電站

啦！」話雖如此，母女倆昂貴的漫遊對話不斷繞著廁所轉，畢竟這等「色、香」兼備的「見、聞」，實在太有梗。類似廁所奇譚多不勝數，不僅小姐阿姨大嬸婆婆的桃子無預警地欣賞好幾顆，更在蘭州黃河畔「有幸」撞破（當地人上廁所時習慣半掩門多過關門，更遑論鎖門）中年女性撇條ing。無怪俗語説「行萬里路勝讀萬卷書」，在無奇不有的中國，什麼稀奇古怪、大驚小怪都已見怪不怪。

10.15

# DAY 8

## 嘉峪關

**行程** 嘉峪關市、長城第一墩、懸臂長城

**住宿** 百時快捷嘉峪關蘭新路店（嘉峪關市永新街區蘭新東路638號）

**日記** 昨晚搭乘臥鋪夜車，中間走走停停，上午7：30到達，延遲1小時，搭3路公車前往旅社（蘭新小區）。嘉峪關市區寬闊，有幾分荒蕪感，不具都會感的小市區，乾淨清涼。搭公車往郊區人煙更少，馬路平坦寬敞、車零星。前往周邊景點需包車，一個點50元，司機老實但小貪財。甘肅讀者雜誌推出「敦煌旅遊卡」，部分景區門票對折，導致有不少當地人在門口兜售雜誌，賺取其間差價（原價4元的雜誌可以10至20元轉手），我們也難逃被司機宰殺的命運！長城第一墩位於峽谷畔，地勢險峻，周遭為拍片基地，風極強、氣溫低，首度感受嚴寒氣候的可怕。

## 旅遊資訊

### i 長城第一墩

票價：21人民幣，關城套票120人民幣

交通：包車，單點來回市區50人民幣

資訊：嘉峪關為明代萬里長城西端起點，天然險峻的地勢成為軍事關隘。長城第一墩修築於1539年，南面為終年積雪的祁連山，北面是陡峭的黑山，兩山間形成寬約15公里的峽谷。長城專家羅哲文曾在詩中描述：「嘉峪關，雄險畫皆難，墩堡遙遙相互望，長城道道連關山、猿臂也難攀。」如今第一墩風化嚴重，僅剩一座巨大土堆，周圍狂沙滾滾，倍覺天險荒涼。

### i 懸臂長城

票價：25人民幣，關城套票120人民幣

交通：包車，單點來回市區50人民幣

資訊：懸臂長城為嘉峪關關城北向延伸的部分，因築於山脊上，望上去像倒掛的手臂，因此得名。懸臂長城建於明嘉靖十八年（1539年），以當地的礫石、黃土夯築而成，從西向看不見築於黑山東坡的城牆，曾讓敵人有「翻過黑山即可打入中原」以致誤判形勢的錯覺，是軍事上得天獨厚的天險，惜古時城牆遺址現僅存750公尺，其餘皆為近年重修的復刻版。

### $花費清單

- 早餐11.5（小籠包5+牛肉餡餅2+豆漿2+豆腐腦2+油條0.5）
- 公車3（嘉裕關→蘭新小區@1*3）
- 旅館百時快捷129（3人房）
- 泡麵2.5
- 啤酒3
- 橘子水7.5
- 公車6（旅館←→嘉裕關城@1*6）
- 長城第一墩門票55（3人，不知何故享優惠？）
- 懸臂長城門票72（@25*3）
- 計程車包車100
- 過期雜誌30（@10*3）
- 小煎包5（15顆）
- 烤肉串30（羊肉@10+五花肉@10+羊排@2.5*4）
- 涼拌三絲10
- 蛋糕5
- 小點8（核桃酥餅+雞蛋糕+酥餅+蘿蔔絲餅+韭菜餅）
- 金嗓子喉糖6.5

---

- 小計362

# 敦煌

• 常有住客在此休憩

## 4-1 洗澡做水災

出發前，擅長蒐集資料的旅伴精選各地住宿訊息，將地址、電話、前往方式彙整並逐個列表、隨身攜帶，所以每到一處，總能如識途老馬般迅速覓得CP值最高的旅社。幸運的是，在邁入淡季的十月造訪，大都隨找隨有，不需提前預定，心想事成的順遂在來到世界級景點——敦煌時破功。「不先訂肯定是沒有！」網友言之鑿鑿地說法實在非常，無論何時，欲入住便宜便利的「敦煌青年旅館」，都得事先透過網路預訂，一律先搶先贏。「好險還有房！」電子郵件傳來好消息，三人頓時安心不少，笑言是Lucky girl的我，殊不知好戲在後頭……

儘管敦煌市區面積不大，道路也不複雜，扛著重裝備的我們，卻怎麼也找不到位在

• 步行數分鐘可達熱鬧的沙州市場、沙州夜市

• 旅館公共區域文藝氣濃

「文昌南路種子公司旁」的「敦煌國際青年旅社」。幾度致電溝通，櫃台服務員說的商家都有見到，偏偏總在緊要關頭有說沒懂。旅伴單槍匹馬輕裝搜索，才發現伊人就在下個路口處！由於包含衛浴設備的套房已經客滿，我們只得包下四人一間（兩個上下鋪，一個床位25元人民幣）的雅房，衛浴、廁所和同層樓的男女住客共用。被旅伴喚作「千金大小姐」的我，對拿著臉盆外出洗澡倒沒有太大反抗與痛苦，加上數年前在雪梨有過類似體驗，雖不喜歡但可接受。只是，相較獨善其身的私營旅館，以服務背包客為使命的青年旅社，住客的公德心、同理心更顯重要，如此才能維持良好的住宿品質。「不只硬體，人也需與時俱進。」經過兩夜親身體驗，著實有番深刻感悟。

## 纏繞著纏繞著

青年旅館的公共浴室格局與泳池更衣盥洗室相仿，四間各有不同缺點，有的水柱太強、有的掛勾損壞，最令我們困擾的共通點，就是排水嚴重不良。身為試水溫的先鋒，我抱定速戰速決的戰鬥澡雄心，熱水唏哩嘩啦、動作一氣呵成。然而，淋浴不過一分鐘，腳邊已迅速積起泡泡水，即使關閉蓮蓬頭仍如洪流滾滾傾瀉，循白色泡沫搜尋源頭，正是隔壁邊洗澡邊與門外友人大聲喧嘩的上海小姐。我本不以為意，無奈數分鐘後，水非但沒有消退的趨勢，反而越見猛烈、越發升高，仔細一看，原來是頭髮堵住排水孔肇禍。

浴室雖說是男女混用，但熱門時段幾乎都被二十出頭、來此自助旅行的女學生霸占。用毛巾包裹溼髮的她們，各個神態自若地穿著短褲睡衣霸占洗臉台搓洗衣物，或笑或鬧旁若無人，自在自由更勝在家。有時間擠在浴室閒磕牙，卻無心無意順手整理、物歸原處，我腦海浮現五分鐘前從孔蓋撈起的一團髮絲，想著如果人人舉手之勞，就毋須面臨頭頂沖水、腳底積水的窘境。

## 嘩！做水災

停留青年旅舍期間，就寢前的最大樂趣，正是分享洗澡過程的辛酸甘苦和評比四個淋浴間的優勝劣敗。苦中作樂到最後，總以無言的嘆息結尾，雖然只有短短兩日，感覺卻像一個月般深刻。在眾人用完就跑的惡性循環下，越夜越髒亂的浴室，果然於十點左右展開白娘娘式的淹水復仇，混濁的污水步步侵蝕走道，形成一灘阻礙通行的泥潭水窪。面對漫至腳踝的水勢，視若無睹的住客繼續談笑風生、洗澡洗衣，無處宣洩的水則持續循線奔流，儼然已經做水災。

眼見泥水即將侵入隔鄰房間，凌晨時分，睡眼惺忪的管理員小哥拿著畚箕拖把簡單收拾，以他緩慢而熟練的動作觀察，相信已是熟門熟路。隔日清晨，負責清潔的大嬸接力上場，經過一番土法煉鋼的舀水與拖地，浴室終於恢復初見時有點髒兮兮、稍微溼答答的「最佳狀態」。

## 越怕越上

相較正常時一日一度的浴室，一天得去好幾次的廁所更令我傷腦筋——廁所同為男女混用，兩蹲兩坐，衛生紙時時堆滿垃圾桶，環境差強人意，主要是氣味濃得難以招架，每每入內都得屏息瞇眼，就為「不看不聞」。向來極少虐待排泄器官，難得對膀朓下達限制令，希望盡可能減少登門的機會。未料，人算不如天算，飽嘗餐館辣呼呼熱炒的同時，也不堪麻辣對腸胃的沉重打擊。數小時內，腹痛如絞的我迫不得已頻頻光顧，旅伴關心問：「第三次啦？」我苦臉：「連這趟是第五次囉！」

不知是抽風系統欠佳，抑或管線設計不良，廁所隨時飄散異味，就算才打掃過，仍不見改善。其實不只此地，大陸多數公廁都有相似問題，即使現代新穎如咸陽國際機場，也難逃騷臭命運。

鮮少接觸團體生活的我，此番在青年旅館可謂經歷一場「類團體」的震撼教育。「唉，不得不承認自己性情孤僻！」平日慣於獨個過活，養成自我為軸心的穩定小宇宙——雖不至於潔癖，但也很難忍耐過度髒亂；看不慣旁人白目沒神經，卻又孬種地只敢私下痛罵……於是，洗澡時會把排水孔的頭髮清乾淨，如廁後會把馬桶恢復原狀。我不是敗犬女王，而是敗犬婢女！

## 4-2 隔壁攤吃烤肉

喜歡將覓食的過程暱稱為「打獵」，雖免去追逐獵物的肉體奔波，腦袋卻為要吃什麼、到哪吃費盡心思精神，運籌帷幄的複雜考量，確與獵人設陷阱、捕獵物異曲同工。類似情緒在逛夜市時尤其明顯，煎炸烤滷色澤誘人、香氣四溢，即使眼前獵物多如牛毛，無奈肚皮有限，眼睛再饞也只能精選光顧。躍躍欲試的口腹之慾，在活色生香的敦煌「沙州夜市」再度被啟動，油炸餡餅、清燉羊雜、糖炒栗子、自助盒飯……應有盡有，特別是吱吱作響、油花噴濺的烤肉串，在昏黃燈光下顯得格外張揚，遠道而來，豈有不大快朵頤的道理?!

其實，自踏上絲路旅程，便鎖定最出名的烤牛羊肉，未料從西安回民街開始一路破滅，價格「高貴」不說，鐵叉上的肉塊（稱肉屑也不為過）更是小得可憐，完全無法體驗傳說中大口吃肉的暢快爽快與痛快。「不計代價也要吃到真正大塊肉！」餓狠狠的宣示得到旅伴的全力支持，隨即在人流旺盛的夜市美食區展開地毯式搜索，就為一圓西北肉食夢。

## 招牌杏皮水

一如來台必喝珍珠奶茶，在敦煌則是「杏皮水」非嘗不可，夜市內隨處可見的飲料小攤，都將它擺放最顯眼處。杏皮水原料為「敦煌水果之王」李廣杏，取乾燥後的杏皮（稱杏肉乾更恰當）加水、冰糖（部分也會搭配紅棗、椰棗）熬製而成，酸酸甜甜的滋味類似淡版酸梅湯混金桔汁，飲來清涼順口之餘，亦具生津止渴、潤肺止咳、清熱解疲等食療效果。杏皮水在敦煌一帶廣受歡迎，早年均循古法熬煮，時至今日，店家為求製作便利與提高利潤紛紛「學壞」，改以濃縮果汁還原、統一包裝批貨便宜行事。劣幣驅逐良幣的結果，就是市面上少見使用李廣杏皮燉煮的真正杏皮水了。

除大街小巷常見類似台灣手搖飲料的膠膜杯裝，超市內也可見瓶裝杏皮水，每店必備的超高能見度，不難窺知敦煌居民熱中此飲的習性。比起嚐鮮的外來客，講究的當地人會在李廣杏盛產的六、七月期間，於自家窗台將杏子曝曬成乾，再以1：5的比例與水熬製四十分鐘後放入冰箱冷藏，便是最天然的消暑「涼方」！

• 敦煌的獨特飲品——杏皮水

## 我得問問

沙州夜市燒烤區煙霧瀰漫、香氣陣陣，不斷變換隊形的肉串看來相差無幾，生意冷熱就成為判別優劣的最佳指標，在地客絡繹不絕、由維族人經營的「清真新疆穆罕默德燒烤」便因此中選。和絕大多數店家相仿，烤檯就設在最顯眼的餐廳入口處，師傅不畏高溫俐落調配位置、細膩控制熟度，但即使手腳再快，仍趕不上饕客動輒十幾串的奔放食欲。

「妳們等等噢！」老闆娘馬不停蹄，帶位入內、付款結帳都由她負責，可謂縱橫全場的中流砥柱；而負責倒茶、遞送菜單、清理桌面等工作的，則是一位看來不滿二十的天真少女。「請問一斤戈壁灘烤肉（60元人民幣）大約多少串？」向來對食物斤兩（大陸慣以此作為計算包子、燒賣、麵條、肉類等點菜時的單位）毫無頭緒，未料服務員也是一頭霧水：「我得問問。」一分鐘後，同樣忙得團團轉的她急急回覆：「一斤大概是6串唄，要6串麼？」見我全心全意在肉區紅眼廝殺，連日為無菜所苦的旅伴也開口提問：「有炒青菜嗎？」她聞言再度苦笑：「這，我也得問問。」

肉串陸續上桌，大串羊肉（8元人民幣）名符其實，肉厚而鮮嫩，終於令我體會吃肉快感。當地人必點的牛板筋（6元人民幣），外焦香內軟Q，香料味濃且有嚼勁。店內唯一純綠色的炒油菜（12元人民幣）則屬重油重鹹的「中風口味」，鑊氣十足、風味頗佳。至於我每到餐廳必點的青

精挑細選相中的穆罕默德燒烤店

終於如願吃到大快人心的大塊烤肉！

燒燙燙的滋補清湯羊肉沙鍋

既鹹又油的不清爽炒青菜

椒牛肉（30元人民幣），在這自然不容錯過，帶籽青紅椒濃郁偏辣，加上紅辣椒一整個辣到嘴麻；肉片雖薄但久咬不爛、口感堅韌，缺乏肉香也無肉汁，與燒烤版本天差地遠，推估是將含豐富蛋白質的犛牛肉拌炒太久導致。

「戈壁灘烤肉。」代號「我得問問」的少女服務員邊上菜邊喃喃，略帶口音、聲音細小到根本聽不清，我迫不及待伸手，卻被耳朵靈敏的旅伴急急阻擋：「這不是我們的！」難得沒出錯的少女不解：「啥？您不是要『戈壁灘烤肉』麼？」「我們沒在『隔壁攤』點菜啊！」戈壁灘、隔壁攤、隔壁攤、戈壁灘……一陣雞同鴨講，才發覺此「戈壁灘」非彼「隔壁攤」，難得碰上如此「天造地設」的會錯意，即使刻意憋住仍笑到「抹喘氣」。糾紛迎刃而解，相較心照不宣吞下肉串的三人，「我得問問」卻是一頭霧水：「明明有點戈壁灘呀！」

## 4-3 莫高窟，相機禁止進入

「名列世界遺產的敦煌莫高窟，以時間橫幅涵蓋千年的精美壁畫與塑像聞名全球，為現今規模最巨的佛教聖地，與山西大同雲岡石窟、河南洛陽龍門石窟、甘肅麥積山石窟並稱中國四大石窟。」自得知將前往名聞遐邇、如雷貫耳的莫高窟，關於「千佛洞」的種種記憶也被喚起，怎料到少女時代對著課本硬記死背的遺跡，有天竟會鮮活出現眼前?!行前對莫高窟環抱莫大期待，不只因為名聲響亮，更在完整保存近兩千年、不同朝代的藝術風格特色，華美瑰麗、渾圓雄壯、細緻典雅……不一而足，親眼目睹想必更有一番穿越時空的震撼。

莫高窟

「以上口氣真不像妳。」旅伴兼好友犀利吐嘈，向來「好吃懶走」的栗子小姐，對食物的興趣遠高過只可遠觀的景點，突然轉性大褒沒吃沒喝還得費好些腳程的莫高窟，質疑實屬自然。「畢竟是真正的真貨吶！」相較中國境內部分為觀光而大幅修復甚至原址重建的「不古古蹟」（2006年曾造訪位於西安近郊的王寶釧寒窯，雖陽春但仍有稱得上是「遺跡」的窯洞與土堆。三年後再見，景區正進行翻新工程，重機具豪邁挖掘填補，和印象中拿細筆毛刷修復的作風截然不同），此處的可貴就在鮮少後人鑿斧，洞窟如同妥貼封印的時空膠囊，靜靜訴說人們對過去現在未來的美好願望。

## 阿姨攬客術

作為敦煌的金字招牌，隨處可見以莫高窟為終點的小型巴士。這批遊走於公營與私家間的小巴，雖號稱「公交」，實際卻是自負盈虧的個體戶，司機隨車售票員各個積極攬客，看到神情徬徨的觀光客便停車問：「要去莫高窟麼？」

步出旅社不久，幸運遇上一台號稱即將開往莫高窟的空車，正高興省下等候時間，車子卻不停在市區兜來轉去，漫無目的地搜索。繞了好一會兒，引擎嘶吼聲越見猛烈，司機索性靠邊熄火，習以為常地取出工具左敲右打，引擎卻再也無法啟動。「上旁邊那台！」小哥見問題一時半刻無法解決，便趕大家轉搭碰巧經過、已載滿八成的小巴，即使車上已無間隙，售票阿姨依舊憑藉高超技巧在「沙丁魚」間穿梭找零。儘管已駛離市區，她仍目光銳利盯住過往行人，不放過任何一頭羊（猶如小羊般溫馴地被塞進小車中，但票價僅8元人民幣，實在稱不上肥羊）。到達目的地前，阿姨以善意包裹恐嚇：「兩點才有車回，你們在裡頭兩小時夠了吧！看完快快出來搭車，錯過就沒哩。」擔心被丟包又不願被傳說中計程車宰的我們，決心展開高效率的賞窟之旅。

• 莫高窟受到官方的重點保護

• 不只景點世界級，票價同樣不遑多讓

## 真人實吵

「一張票160人民幣！」《甘肅讀者雜誌》內附票價五折優惠的「敦煌旅遊卡」獨缺最熱門的莫高窟，想必正是看準觀光客必去的鐵桿事實。千里迢迢到此，即使門票所費不貲，也不可能就此打道回府。乖乖掏錢之際，一位自稱鄉下大嬸的大陸遊客和敦煌當地導遊爆發激烈口角，火辣場面完全吸住眾人目光，兩人從細故（抱怨導遊為趕時間而拼命催促團員，對景點的講解不詳細又敷衍）綿延至人格（大嬸直指導遊瞧不起她來自鄉下、沒念過書，逼問對方有去過上海嗎？），你罵我嗆、你推我駁，立場南轅北轍。看熱鬧的越聚越多，視若無睹的兩人繼續爭得面紅耳赤，試圖勸架的朋友也被怒火攻心的她們狠狠推開。「妳有沒有素質？有沒有素質？」吵到尾聲，詞窮的大嬸以略帶鄉音的特殊口音反覆罵著，聽來猶如在呼喚「粟子」！看得入迷的旅伴細聲開玩笑：「妳應該舉手說有，我就是『粟子』！」「是有必要淌這渾水？」（假跌倒）——打破僵局的白目第三者，確是志村健式的無厘頭短劇好題材。

• 園區內寫有「石室寶藏」的大型牌樓

• 取材自窟內壁畫的飛天塑像

• 人孔蓋也是莫高窟限定版

## 大砲，No！

始建於十六國時期的莫高窟，歷經隋、唐、五代、西夏、元等朝代不滅，卻於近代屢遭人為破壞，塑像、壁畫與經文典籍大量散佚流失，即使1961年被列入中國第一批重點保護文物，1987年更納入世界文化遺產，依舊難敵歲月與人類造成的壁畫損害與崩塌危機。為減緩莫高窟消逝的速度，專責管理的「敦煌研究院」除陸續進行搶修與治沙工程，亦針對日益增加的遊客實行總量限制、調配開放洞窟的數量，藉此控制二氧化碳的潛在破壞。

「相機請寄放在置物櫃！」排隊進入莫高窟管制區前，工作人員特別針對胸前掛著「大砲」的攝影發燒友發出告誡，自詡僅是「類單眼」的旅伴本不以為意，直到被針對性十足地提醒：「這不能帶進去。」才急急脫下鮮少離身的相機。除去輕薄短小的「傻瓜」與具拍照功能的手機，所有略具份量的照相設備一律需暫交館方保管，禁令意外導致驚人景致——置物櫃台裡裡外外堆滿各種年代、款式、品牌的專業相機，規模可比旗艦店＋博物館。拍照傢伙被沒收，眾「照相控」難

• 光影變化下，更顯莫高窟的典雅氣韻

得「無機一身輕」，失之桑榆收之東隅，可以毫無壓力地走走看看，不再被「不拍可惜」的迷思纏繞。

## 可惜呀，可惜

別於多數景點自由自在的參觀模式，莫高窟採取專業解說員的團體導覽，一團人數約15位，一般需時60至80分鐘，可透過館方發給的專屬耳機聆聽現場解說。為延長窟內壁畫塑像壽命，採取輪流而非全數開放，因此遊客可以見到哪幾個窟、數量多寡，端視導覽員安排。據聞對窟內藝術格外熱中者，會在導覽結束後再重新排隊參與另一輪，除能聽到風格各異的解說，也可多欣賞兩、三個窟。

入內前後，導覽員均會不厭其煩地開鎖、上鎖，盡可能縮短光害、人為等的影響時間。導覽時，則使用手電筒照射欲說明的壁畫，儘管難以窺得全貌，卻是在保存文物和促進觀光間的權宜之計。過程中，眾人最常喃喃的便是「可惜」，長年未受積極維護的洞窟經過多次毀壞、掠奪甚至改作監獄，往日輝煌仍清晰可見，若能避去上述浩劫，想必更是一番驚人光景。只是，雖已再三勸告不可拍照，還是有人試圖以手機「偷拍」，耳尖聽到「喀嚓」聲的導覽員語氣嚴厲提醒：「別拍了噢！再這樣我可要幫您保管。」說實話，窟內光線不足，單靠幾個細小光源（遊客可自行攜帶手電筒）完全照不出眼睛所見的宏偉，如此情況還堅持「用照片寫日記」，確是百分百的得不償失。

莫高窟的行程走到最後，正是道士王圓籙將「藏經洞」內珍寶廉價販售獲利所建的道觀——這棟不過百年的建築，沒有丁點斷垣殘壁的落魄，卻是莫高窟作工粗糙、欠缺美感的一處。其實，王圓籙並非毫無保護文物觀念的盜窟者，他在1900年意外發現這裡「別有洞天」後，曾多次通報清朝政府，無奈時局混亂，忙著應付內憂外患的官方根本自顧不暇。消息傳出，識貨的西方考古學者與探險家紛紛聞風而至，用付費購買、資助道觀等金援承諾，換取進入「藏經洞」搜刮的機會，致使許多精華如今都為大英博物館、法國國立圖書館、俄羅斯科學院等處收藏。

綿延幾世紀的滄桑史，最感慨的並非大陸遊客同仇敵愾的「列強奪寶」，而是貨真價實「一代不如一代」的藝術修養與表現技法——現代人可以透過高科技產品一指掌握瞬息萬變的天下事，卻相對失去累積和醞釀的厚實，而這正是莫高窟為世人讚嘆、無法複製的恆久魅力。

## 4-4 月牙泉，錯錯錯

曾在嘉峪關市的AAAAA國家級旅遊景區「天下第一雄關」門口，被多位兜售《甘肅讀者雜誌》的中年女性苦苦糾纏。主婦裝扮的她們清一色表示，只要花10至20元人民幣購買雜誌，就能免費獲得其內附贈的「敦煌旅遊卡」，持此前往甘肅省境內部分景點可享門票五折優待，聲稱只要使用一次就可回本（以鳴沙山月牙泉風景區為例，門票原價120人民幣，持有旅遊卡就減半為60人民幣，唯旅人必去的莫高窟未被納入優惠範圍）。乍聽這種「天上掉餡餅」的好康，深信天下無白吃午餐的咱們，直覺個中肯定有鬼，一個勁地搖頭婉謝堅拒。不明就裡的困惑，終於在包車師傅口沫橫飛的說明下解開——此為雜誌社與省旅遊局的合作促銷，於2012年發行的幾期雜誌中夾入名為

• 名符其實如月牙般的月牙泉

「敦煌旅遊卡」的折扣內頁。腦筋靈光的當地人見有利可圖，紛紛囤積4人民幣一本的雜誌，再以翻倍價格轉賣給即買即用的觀光客，說到底，也可謂一種靠山吃山的雙贏。語畢，師傅一臉佛心：「之後要去月牙泉麼？我後車廂剛好剩三本，可以便宜讓給妳們，一本10塊就好。」

為了占這動輒數百台幣的大便宜，我們不辭辛苦將頗具份量的雜誌由嘉峪關一路扛至敦煌，中間歷經重裝行軍的長途跋涉與換車，依舊背得心甘情願。儘管月牙泉的行程排在下午，未雨綢繆的旅伴一早就將雜誌塞進背包，我們深信：「這下絕對不會忘！」未料，此事竟成為連串無語問蒼天的錯誤開端……

• 鳴沙山一派大漠風光

## 再買三本

鳴沙山月牙泉風景區位於敦煌市西南5公里處，古稱渥窪池、藥泉的月牙泉，漢朝以來就屬敦煌八景之一。前往景區，可善用以此為終點站的3路公車，擔心找不到站牌？只需開口詢問就能得到親切指引，敦煌市區不大，一般都可輕鬆步行到達（投宿的「敦煌青年旅社」距離站牌約10分鐘腳程）。公車上，已是識途老馬的司機大嬸迅速切換排檔、油門和煞車，我們樂得安心欣賞傳說中的河西走廊。

「車上還有幾本《甘肅讀者雜誌》，等會兒買門票打對折……」她邊開車邊推銷，同時快速解釋「敦煌旅遊卡」的妙用。「已經有……咦？」正欲取出跋山涉水數百公里的雜誌，這才驚覺：「啥咪，本本留在旅社啦！」因離開旅社前已放棄塞入雜誌的背包，改攜輕便迷你包外出，導致雜誌仍躺在旅社背包內。晴天霹靂的我們陷入天人交戰──回去取至少耗費一小時，若不慎稍有耽擱，還可能超過閉園時間，加上隔日要前往下站吐魯番，錯過今天恐無機會彌補……腦中飛快閃過無數念頭，幾番感性掙扎與理性評估，只得忍痛再買三本。「這種事我真的無法忍受！」旅伴一向秉持錢要花在刀口上，雖然仍比原價門票划算，但每每想起白買的雜誌還

• 甫落成的景區門面

• 隱含層層悔恨的門票

• 幾乎人人一雙橘色防沙鞋套

• 除徒步穿越鳴沙山，也可選乘「沙漠之舟」

**掃描看影片**
沙漠之舟

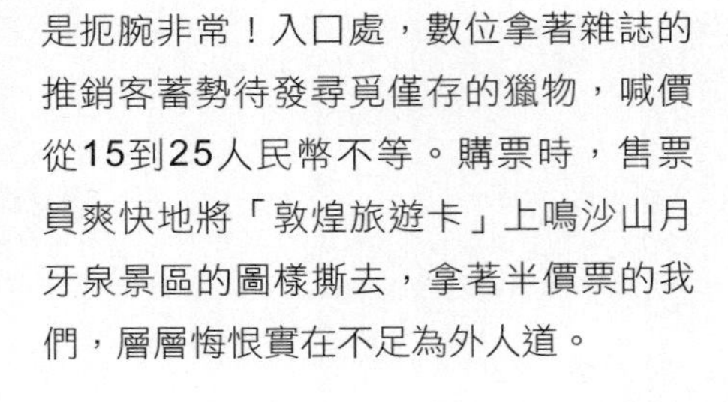

是扼腕非常！入口處，數位拿著雜誌的推銷客蓄勢待發尋覓僅存的獵物，喊價從15到25人民幣不等。購票時，售票員爽快地將「敦煌旅遊卡」上鳴沙山月牙泉景區的圖樣撕去，拿著半價票的我們，層層悔恨實在不足為外人道。

## 白爬鳴沙山

鳴沙山一帶的沙漠以沙動成響聞名，形狀酷似一彎新月的月牙泉身處其中，荒漠甘泉謂為奇景。遊鳴沙山，有步行、乘駱駝、搭遊園車三種途徑，難得見識貨真價實的沙漠，自然得讓雙腳細細享受行走沙上的獨特觸感。鳴沙山景區提供橘色防沙鞋套的租借服務，一次10人民幣，見遊客十有七八乖乖上鉤，我們選擇不落俗套：「有沙，脫了鞋襪拍打幾下就好，何必浪費？」三人英姿颯颯，穿著普通球鞋往沙漠奔去。

根據先前查詢資料，欲見月牙泉，勢必得翻越鳴沙山。「好高耶！」看著山脊上點點人影，已略略心生恐懼，待真正踏上（說陷入更恰當）軟綿綿細沙，更頻頻大呼不妙。不只腳下舉步維艱，強勁風勢更是難以招架，此時，彈性極佳的匪巾發揮「蓋頭蓋面」的遮蔽功效，其餘毛帽、圍巾、外套同樣能包的包、可裹的裹，渾身盡是布條纏繞，好似會

• 簡易繩梯真的非常「簡易」

動木乃伊。氣喘吁吁爬近二十分鐘，才勉強磨到半山腰，回頭不甘心、前進沒信心，進退維谷的三人只能彼此鼓勵苦撐。此時，突然聽到前方大叔對身後的妻子喊：「月牙泉在那兒咧！」「阿？不是在山的另一邊，難道是頭暈眼花導致的海市蜃樓？」心懷疑惑往前，不料以為尚遠的月牙泉真的就在山腳下！

由鳴沙山眺望月牙泉，除讚嘆變幻流轉的沙漠景致，更發現一個猛捶心肝的事實——景區新築成一條自入口連接月牙泉的平坦水泥路，腿腳軟弱如我，大可不必如此搏命爬沙山。身處沙漠半山腰，既失去繼續上攻的目標，又無體力折返。「如此只有靠它！」固定在細沙上的簡易繩梯，長約四百公尺，與地面傾斜30至40度，該是成龍電影或「神鬼傳奇」系列才會出現的壯闊場面，罹患膏肓型懼高症的栗子小姐竟得親身體驗！或踩或爬、手腳並用，遇上地基流失、梯子懸空的非常情形，也得故作鎮定咬牙穿越。好不容易回到地面，滿頭冷汗的我回望猶如天梯般的來時路，才知人真得「腳踏實地」！

## 宰、沙

作為遊人如織的國家級風景區，月牙泉周邊規劃頗為完善，吃喝拉撒一樣不缺，累了渴了，也有茶水攤可供休憩。回到水泥地，爬鳴沙山導致身心俱疲的我，下半身也被厚厚的細沙包圍，的確需要好好調養呼吸、整理儀容。「要點啥？咱這兒有泡麵可樂，還有熱茶。」大嬸語氣熱情招呼，一看價目表，才知到了龍門客棧？不過，老闆娘宰得不是人，而是咱們的荷包。不知是否看穿顧客嫌貴，她搶先輸誠：「10元一碗的八寶茶是現沖的，喝完還給您加熱水。可樂一瓶也『才』10元，是賣咱中國人的實在

• 走平面水泥道路即可輕鬆抵達月牙泉

• 龍門客棧的宰牲茶？

• 關園在即，駱駝也準備下班

• 所幸錯爬鳴沙山，才得盡享如此絕景

價，剛有個日本鬼子，就賣他20咧！」聽完這番此地無銀的告白，還是含著珠淚接受高於市價4倍的飲品，畢竟在觀光景區購物就是趁人之危與願打願挨。

「哇！怎麼還有？」我爽快翹起二郎腿赤腳清理，無奈鞋襪像是聚寶盆，任憑怎麼甩、抖、敲、拍，仍不斷有細沙撒出。本以為卡在鞋上的「紀念品」不出幾小時就會隨著遠離鳴沙山而消失無形，沒想到離開敦煌數日後，還不時受「鞋裡有沙」困擾。話雖如此，還是對沒租鞋套一事毫無悔意，如同之前所說「有沙打一打就好」，唯一不同點在於，我比一打多了好幾打！

存在千餘年的月牙泉，近年面臨水位逐年下降的生死危機，深度由五十年前的平均4至5公尺，一度萎縮至不到1公尺，儘管敦煌市政府陸續祭出治理工程，仍不敵環境惡化的腳步。令人驚訝的是，目前月牙泉的地水下已基本枯竭，為延續景點生命，只得依靠水管輸入自來水「解渴」，而一旁新建的大型人造湖正是它的蓄水池。如此，仰賴外援的月牙泉還算不算「真泉」？對正在大興土木擴張鳴沙山月牙泉風景區而言，或許是個不該塘塞卻又必須逃避的弔詭難題。

**掃描看影片**
駱駝下班ing

**掃描看影片**
眺望月牙泉

遊月牙泉的連串陰錯陽差，恰恰印證自助旅行的樂趣和妙趣，尤其是被整得最慘最苦最無可奈何的時刻，往往成為回憶裡津津樂道的片段。「所以，妳覺得買六本雜誌很有趣？」旅伴冷冷吐嘈，我嘻皮笑臉答：「對對對，看妳抓狂很有趣！」

## 4-5 小市儈

別於氣質清新的嘉裕關，敦煌作為舉世聞名景點「莫高窟」所在的歷史文化名城，觀光客整年蜂擁，難免染上「君子愛財」的市儈氣息。最明顯的例證，莫過位於市中心、鄰近「沙州夜市」的歐風咖啡廳，最基本的美式咖啡要價35人民幣，是熱豆漿的近三十倍，說是「斂財」也不為過。除「昂貴有理」的舶來品，中式餐點同樣水漲船高，老闆深黯蠅頭小利之道，西兩角、東三毛，單品價格看似差距無幾，荷包卻在不知不覺間縮水。

面對不斷竄升的物價，不僅偶爾造訪的遊客感受深刻，當地居民更是深受其苦。外食動輒幾張鈔票、房價數十萬亦屬常態，想到食衣住行樣樣負擔沉重，即使收入頗豐的計程車司機也難掩鬱悶，苦臉感嘆：「跑一日還不夠度一日！」

• 洋派的咖啡廳更是所費不貲

• 當地人自有一套節衣縮食的辦法

## 包子經濟學

位於「敦煌青年旅社」旁的「原滋味早點」販售中式早餐，清晨時分飄出裊裊白煙，秋冬季節顯得格外溫暖。方圓百公尺內無競爭者，加上時時熱騰騰出爐，吸引人潮絡繹不絕。負責跑堂與結帳的中年老闆雖然記性欠佳、丟三落四，手腳也不甚俐落，卻時常高聲指揮廚房，一會兒催促上餐、一會兒弄錯取消，令滿手麵粉的伙計茫然不知所措。

看似毫無章法的「原滋味」，實際是銅板經濟的最佳實踐者，包子、豆漿分別比同等縣級城市貴兩毛、五毛人民幣，而塞滿蒸籠的小籠包（或稱發麵小包子更合適）一籠九個7人民幣也略高於均價一籠十個6人民幣。這裡價位抬高一點、那裡食物縮水一點，套句勤儉友人的經典佳句：「毛毛雨淋久也會溼透衣服！」老闆口袋厚到爆裂的大疊現金，正是「賺毛毛」策略的明證。

## 午休不休

由莫高窟回到市區，早過了午餐時間，飢腸轆轆的我們在數間狀似午休的小館前躊躇猶豫，並非選擇要挑哪間，而是煩惱有沒有得吃?!正在抽菸看電視的老闆兼廚師見客人在門口張望，立即起身招呼，以行動表示「現正營業中」。「要點啥？」他滿臉笑容遞上印製精美但觸感油黏的菜單，內容飯麵熱炒包山包海，卻因部分備料用完而缺這少那。「牛肉沒了，不如改豬肉？」客氣建議的最後，都會加上「口味相同」、「一樣好吃」等品質保證的但書。

敦煌的熱炒訂價策略與早點相仿，平均高他處1、2人民幣，不仔細記錄比較很難察覺個中差異。小貴歸小貴，菜色盤盤份量飽滿，給人物有所值的划算印象——手撕高麗菜（10人民幣）辣中帶酸、酸中帶甜，屬重口味下飯「菜」；回鍋肉蓋麵（10人民幣）鹹香夠勁、嚼勁Q彈，肉片、四季豆與純手工拉麵可謂「止夭」最佳組合；炒麵疙瘩（12人民幣）酸甜味濃、鑊氣十足，搭配番茄、高麗菜、黃豆芽、大黃瓜等色彩繽紛的蔬菜，營造層次鮮明的豐富口感。由於兩道麵食皆濃郁非常，導致調味偏重、被我暱稱為「魚香肉溼」（醬汁爆多，乍看還誤以為是羹湯哩！）的魚香肉絲（16人民幣）相對滯

• 具位置優勢的原滋味早點

• 看似午休、實際沒休的小館子

銷，左夾右夾仍剩半盤。「應該把大碗白飯投入，唏哩呼嚕，肯定過癮。」旅伴聞言大力慫恿，想多活幾年的栗子小姐趕緊推說只是玩笑，畢竟盤中飧高油高鹽高糖樣樣高，貪歸貪、健康更重要。

敦煌的市儈氣主要源自將利潤著眼外匯的旅遊週邊業者，個個汲汲營營、態度積極，相形之下，以本地人為主要客群的店鋪顯得隨性自在。走進旅社旁的「種子公司」，老闆娘一派輕鬆與熟客話家常，對生面孔一律放牛吃草。看著滿櫃各式擺放整齊的袋裝種子，憶起雙親近年試種番茄、辣椒收成豐碩，不免好奇此地暢銷的是哪款？她熱心答：「咱這兒的貨都來自酒泉，仙女番茄最好種，辣椒得栽至鮮紅再磨成麵麵兒才能吃。」「磨成麵麵兒？」旅伴不解，大陸旅遊經驗最豐、行程中不時擔任翻譯的我答：「就是細如麵粉狀的辣椒粉。」

「咱家有個小菜園，春夏秋冬都有出產，菜錢都省囉！」儘管收入難與物價抗衡，精打細算的開車師傅坦言在萬物齊漲的年代，自給自足永遠是節流良方。既然住在「君子愛財」的觀光寶地，只好多費點勁「守之有道」，難怪無為而治的敦煌種子專賣店總是川流不息，造福有心躲避被宰的在地省錢達人。

• 老闆兼廚師口味不打折

• 種子公司店內隨處是未經鑿斧的純淨風景

# 4-6 司機的敦煌生活

「什麼？到柳園的車得下午才有！要搭早上的火車怎麼辦？」甫到敦煌，立刻在客運站打聽前往柳園的班次，沒想到答案竟是如此「決絕」。作為世界知名的觀光勝地，敦煌雖有火車站，但無論行經車次與便利性都遜於130公里外的工業城鎮柳園。如此奇特現象，導致我們必須先從敦煌奔赴柳園，再由此乘硬座火車至吐魯番。更妙的是，明知往來敦煌、柳園的乘客所在多有，公營巴士的班次卻是寥寥可數。「沒車，包的士唄！」售票員見旅客茫然無措，熟練提醒計程車的存在，真可謂另類的何不食肉糜！

## 無緣大叔

為找尋誠實可靠的的士師傅，我們先向旅社櫃台打探訊息，神情淡定的小哥寫下一串電話號碼，並稱背包客多採併車方式分擔費用，一人要價40人民幣左右，一般坐滿（含司機五人）發車。隔日，由莫高窟回市區時，基於安全理由放棄人滿為患仍堅持拉客的超載小巴（車內乘客無助無奈的無辜眼神著實令我膽寒），轉乘價差不過6人民幣卻舒適數倍的計程車（小巴一人8人民幣，的士包車30人民幣），從而結識談吐老實的大叔司機。這位年約五十的師傅，言談間盡是對生活的滿足與知足，講到女兒更難掩幸福笑容，復以不亂宰遊客的佛心，三人當下決定：「包他的車去柳園！」

「現在只跑敦煌市區，年紀大，遠的不去了。」大叔坦言開一趟柳園至少近兩個小時，新築的高速路固然平坦快速，卻得自行吸收過路費；另一條舊路則是路況較差，時不時碰上事故、施工或車多導致壅塞，則是叫天天不應。「可以推薦其他師傅嗎？」我們琢磨著「人以類聚」的道理，既然他個性誠懇踏實，朋友自然不會壞到哪。

## 精明好人

從大叔那兒獲得姚師傅的聯絡管道，電話那頭，這位略帶鄉音的先生口條精明俐落，兩三下談妥乘車細節。由於行李較多，也想坐得舒適些，我們希望是包車而非

• 推下空車牌，司機載客中！

• 行人號誌燈淺顯易懂、造型可愛

• 市區仍可見舊式店鋪

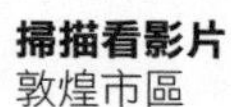
**掃描看影片**
敦煌市區

併車，聽到這，他難得地頓了頓：「包車呀，那得150元唷！」

天還未亮，守時的姚師傅已提早現身旅社門口，與萬事提早的我們不謀而合，見客人上門，他一把將背包、旅行箱使勁塞入空間有限的後行李箱（大陸的計程車幾乎都為油氣混合式，後車箱均會放置一個儲存天然氣的大型瓦斯桶），硬是不占據車內座位。時間尚早，他沒有立即上路，而是開往一處聚集數輛的士的攬客站，在不到5度的低溫中，邊小跑步取暖邊與同行閒聊。「看看有沒有也要去柳園的，替妳們分擔一下嘛！」不知是想多賺10人民幣，還是真的貼心，珍貴的光陰就在癡等中耗損，「我們願意包車，直接走了吧！」見實在沒人，姚師傅才終於勉為其難地發動引擎。「高速路是快點，但有時會修有時會堵，不若老路順暢。」行

• 陳舊樓房不日面臨都更

駛在路面顛簸、煙塵四起的老路（性質類似台灣的省道），他指著不遠處平坦的高速公路，一再舉例印證「路不如舊」。其實，除了他口中的種種冠冕堂皇的理由，沒說出口的過路費，相信是更決定性的關鍵。

飛奔在杳無人煙的戈壁灘上，一路踩著油門的姚師傅突然閃燈靠邊，不待我們開口，他笑容燦爛道：「有根鐵棍兒，應該是貨車上掉下來的，這玩意兒好，可以用也可以賣哩。」無奈鐵棍太長，怎麼也裝不進行李箱，「先把它藏著，等回程再來取。」只見姚師傅將棍子藏在路旁的土堆內，離去前再暗暗做下記號。天降小喜的雀躍心情，就和中統一發票六獎般，是種小而美的幸福。

## 敦煌生活

儘管膚色相同、語言相通，出生敦煌的姚師傅與來自台灣的我們對彼此的認識絕可用淺薄形容。「你們那兒開什麼車，有桑塔納（為「上海大眾汽車」自德國引進的車種，是中國汽車史中最具代表性的款式）不？汽油一升多少錢？麵粉一斤幾塊？」他天馬行空的問題，源自我們包山包海的好奇，問答之間，正是最佳的兩岸交流。

不時耳聞大西北沙塵暴災情嚴重，姚師傅坦言報導並未言過其實，他的描述活靈活現，簡潔摘要如下：「春夏交際刮沙塵暴，厲害時，白天如黑夜。一般由市區的東西向（以西向居多）襲來，先見遠處天色變黃，不久就是黃土夾雜灰塵，雖不礙事，但有時得為此放假。」敦煌氣候乾冷，冬季常降至零下20度，

「零下20度！」見我們驚訝得目瞪口呆，他進一步補充：「肯定得開暖氣，否則水管都會結冰爆裂吶！」聊到民族成分，姚師傅稱敦煌98%為漢族，其餘是維吾爾族與回族，雖然漢族比率極高，部分生活及飲食習慣仍受少數民族影響。「最常吃的就是『茄辣西』拌扯條子。」所謂的「茄辣西」是茄子、辣椒、西紅柿的簡稱，「扯條子」則為家庭自製的手工拉麵片，他再三強調：「咱們最愛吃辣，不辣簡直沒味兒！」

與台灣相仿，敦煌十分重視農曆年、端午節等傳統節日，其中節慶食物最令我們大開眼界。沒有格外豐富的大魚大肉，此地年夜飯的主力是一碗簡簡單單的紹子麵，配料同樣是必備的最愛「茄辣西」，聽來和平日相差無幾的菜色，卻是姚師傅口中舉世無雙的佳餚：「年三十家人團圓，那晚的麵，尤其好！」端午節雖也吃粽子，但因為粽葉難覓，便改作放在碗中蒸熟食用，內餡則有花生、枸杞、大棗等，是無肉無醬色的豆豆款。「你們划龍舟嗎？」他笑言敦煌年雨量不滿一百毫米：「啥都蒸發了，哪兒來的河呢？」

敦煌土生土長的姚師傅，曾到上海等沿海城市旅遊，印象最深的並非高樓大廈或都會繁忙，而是我們視為尋常的滂沱大雨和奔騰河水。「海，只見過一兩次，感覺比洞庭湖還大的多哩！」如同我們無法體會河西走廊的嚴寒乾旱，對一年未見幾次天降甘霖的西北人，也很難想像被海洋包圍的島嶼人生。「妳們好福氣，跑幾千公里到這旅遊，我哪天也有這樣的福氣，到妳們那兒看看……」姚師傅的感嘆，令一度因疲憊萌生「花錢找罪受」感慨的我幡然悔悟，由衷珍惜這份「行萬里路」的幸福。

# 10.16 DAY 9

## 大巴移動

**行程** 嘉峪關→敦煌（11：53開、瓜州轉車）

**住宿** 敦煌國際青年旅社

**日記** 當地早餐純樸滋味佳，蒸小籠包為發麵皮，油香恰好。豆漿溫熱稍淡，稀飯為紅豆糯米，濃稠剛好，油條Q韌有嚼勁與麵香，韭菜餡餅料多，韭菜味不若台灣濃。搭大巴重現過往烏蘭花、安塞的妙趣見聞——即使公營仍以手機拉客、隨停隨載，擠到滿爆為止。售票阿姨叨叨解釋為啥得在瓜州換車，擺明心裡有鬼？總之既來則安。瓜州轉車非常緊急，伴隨「胎哥」廁所攻擊，一人0.5元的無門溝溝茅廁，桃子大觀園，有慘！傍晚四點半抵達敦煌，幾經尋覓才找到生意極佳的敦煌青年旅社，住四人雅房，浴室廁所男女混用，髒與亂，哎呀！敦煌市區小荒涼，美食街熱鬧非凡，烤羊肉十分美味，大串8元、戈壁烤肉（一斤60元、買半斤3枝）、青椒牛肉（稍硬、推估是犛牛）30元、炒油菜（油騰騰、有風味）12元、板筋滋味佳6元，共153元。

## 旅遊資訊

**i 敦煌國際青年旅社**

網址：www.yhachina.com

電話：0937-8833121

地址：原敦煌市環城東路1號（文昌南路種子公司旁）

交通：由市中心「沙州市場」東門口沿路往南步行約200公尺。

資訊：外觀為白色木格玻璃屋且被濃密的植物攀附，早晨陽光篩入室內，一樓的公共區域氣氛十足，可於此處使用免費無線上網。二樓為男女混合共用的浴室、廁所、房間，床位為上下鋪搭配可上鎖的獨立櫥櫃，十分熱門，須提前預訂。

### $花費清單

- 早餐10（小籠包6+韭菜餅1+油條1+豆漿1+稀飯1）
- 公車3（旅館→巴士站@1*3）
- 巴士219（嘉裕關→敦煌@73*3）
- 瓜州公廁1.5（@0.5*3）
- 戈壁灘烤肉30（半斤3串羊排）
- 烤羊肉串48（@8*6）
- 烤板筋18（@6*3）
- 砂鍋羊肉湯15
- 炒油菜12
- 青椒牛肉30
- 杏皮水3
- 汽水3
- 青年旅館住宿200（1床50，包4床）

---

- 小計362

10.17

# DAY 10

## 敦煌一日

**行程** 敦煌莫高窟、鳴沙山月牙泉

**住宿** 敦煌國際青年旅社

**日記** 早餐較嘉峪關貴些，滋味一般，咖啡廳價格昂貴，屬觀光財。喜歡嘉峪關的小城氣質（不若大都市喧囂、但便利，人溫和），敦煌有些市儈氣，所幸未波及當地人。於旅社旁種子店購買辣椒（需栽至鮮紅再磨成麵狀食用、3元）、仙女番茄（8元）種子，均為酒泉產、敦煌當地常種。乘3路公車前往鳴沙山，景點正大興土木，誤會月牙泉位置，因此大爬沙山，滑溜溜夠累人但值得。門口有租橘色防沙鞋套10元，其實不需要，也可騎駱駝暢遊。

## 旅遊資訊

### ⓘ 敦煌莫高窟

電話：0937-8882304、0937-8869060

位址：敦煌市東南25公里

營運時間：AM09：00～PM05：00

票價：旺季（5月～10月）160人民幣、淡季80人民幣

交通：搭乘莫高窟往返市區公交車，單趟8人民幣（市區隨招隨停）

資訊：莫高窟為中國四大石窟之一（另三窟為：大同雲岡石窟、洛陽龍門石窟、天水麥積山石窟），建於前秦（366年）、經歷代僧人鑿洞禪修，為當今規模最宏偉豐富的佛教藝術聖殿，現存北魏至元的洞窟735個、4.5萬平方公尺的壁畫、泥質彩塑2415尊、唐宋木構崖檐5個，以及數千塊的蓮花柱石、鋪地花磚等，1987年名列世界文化遺產，舉世聞名。參觀方式為10人一組，由解說員開洞窟介紹，一趟約可欣賞10窟。

### ⓘ 鳴沙山月牙泉

位址：敦煌市南6公里　票價：120人民幣

交通：搭乘3號公交車，於終點站下車

資訊：鳴沙山因風吹沙動的聲響而得名，一隅如月牙的沙漠清泉使人驚豔，沙山清泉兩相對望，遂有「山泉共處、沙水共生」的鮮活描繪，是體驗大漠風情的絕佳去處。蜿蜒山脊如刀切面，沙山軟綿舉步維艱，除徒步、搭乘電動車，也可選擇騎駱駝周遊景區，體驗古代絲路商旅穿越沙漠的情景。

### $花費清單

- 早餐11.1（小籠包6+包子@0.7*3+豆漿1.5+八寶粥1.5）
- 公車24（旅館→莫高窟@8*3）
- 計程車30（莫高窟→市區@10*3）
- 午餐48（炒麵疙瘩12+回鍋肉蓋麵10+魚香肉絲16+手撕高麗菜10）
- 香蕉3.5（3根）
- 巧克力14.5
- 巧克力雪糕5.8（@2.9*2）
- 莫高窟門票480（@160*3）
- 公車3（旅館→鳴沙山月牙泉@1*3）
- 重買過期雜誌30（@10*3）
- 鳴沙山門票180（原價120，雜誌優待卡5折@60*3）
- 月牙泉飲料攤30（易開罐可樂+雪碧+八寶茶1小杯）
- 公車3（鳴沙山→旅館@1*3）
- 烤番薯4.5
- 青年旅館住宿200（1床50，包4床）

---

- 小計1067.4

# 吐魯番

5-1．硬座眾生｜5-2．花花世界｜5-3．買買提，勾勾迪

【烤包子與薄皮包子】

# 5-1 硬座眾生

乘火車四處走跳，陸續染指京包、京滬、青藏、滇越、蘭新鐵路，雖說「躺軟躺硬」經驗豐富，卻長年在雙親羽翼保護下，始終與票價最低廉、環境最艱苦的硬座失之交臂。欠鍛鍊的「缺憾」，終於在這趟絲路苦行完整補齊，而且不只一搭兩趟，車程還至少八小時起跳！總是人滿為患的硬座，處處是值得細品的人事物，不斷輪轉的車內廣播字正腔圓、口氣威嚴，時時或耳提面命：「要做到文明乘車，人人爭當文明乘客。」或厲聲恐嚇：「亂丟垃圾是人命關天的禍根。」相較戒慎恐懼的新兵，鄰座熟客倒是吃喝拉撒如常，嗑瓜子、削蘋果、剝石榴、搶熱水、蹲在車廂間吞雲吐霧……一派優遊自在。時間猶如數饅頭般龜速流逝，好不容易盼到表定抵達時間，車內卻絲毫不見爭搶下車的騷動。廣播徐徐告知「因故延遲」，用僵硬語調毫無悔意地「表示歉意」，眾人無可奈何的苦笑，隨即繼續玩手機、閒嗑牙、啖雞腳、吃泡麵，認命享受被迫延長的硬座人生。

中國客運鐵路主要由軟臥車、硬臥車、軟座車、硬座車、餐車、行李車組成，前四者顧名思義按舒適度劃分等級。軟臥為四人一組、可上鎖的獨立包間，兩兩相對的雙層鋪，床頭附獨立檯燈、腳下踩地毯；硬臥是六人一組的開放式車廂，兩兩相對的三層鋪，地板為一般塑膠材質；軟座為四人一組、兩兩相對，座椅是絨布包裹的軟質獨立沙發；硬座是十人一排、三三兩兩相對，通常為內鋪棉花、外繃人造皮的長條式靠背座椅。外型相同的車箱，軟臥載客32員，硬座為近四倍的118員（運輸高峰時也提供票價相同的「超員」站位），人數多寡不僅體現在動輒數倍的差價，更直接影響活動空間與服務品質（服務態度是統一的上對下命令口吻），畢竟每節車廂均是配備一位隨車乘務員、兩個衛生間與幾公升熱水，32人隨性用與118人搏命搶，階級差異顯而立見。「不坐這，哪有如此豐盛的見聞？」旅伴所言甚是，儘管我的大腿旁還塞著對面大嬸爽快翹起的一隻穿著短絲襪的溫熱熱腳！

• 部分候車室放置標明列車班次的立牌

• 把握機會買泡麵，上車後價格翻一倍！

## 購票之戰

火車站的售票口永遠累積長長人龍，為防不肖者趁亂插隊，大家有志一同使出完全沒有任何細縫的「全貼」招數，多次現場目睹萬頭鑽動、熱氣蒸騰的震撼畫面，導致我只要想到「買火車票」就頭大！無奈天有不測風雲，此番漫漫絲路多得依靠四通八達的鐵路網，加上現時採取「實名制」購票（過往可付費請業者排隊代買，如今則須攜帶身分證件自行前往，證件號碼印於票面，坐實一個蘿蔔一個坑），不分本國人、外來客、有錢沒錢（推估僅有權有勢者能逃過一劫）都得經歷這場肉搏戰。更可怕的是，就算耗時排、費勁搶，仍極有可能買不到票！

站內此起彼落「有位兒沒」、「沒有了」、「剩最後一個」……聽在身陷隊伍裡的我們耳裡，真猶如凌遲般駭人！「臥鋪都沒了，只剩硬座，三人沒法兒坐一起，有一人得在隔壁車廂。要不？」售票員飛快打著鍵盤的手指難得停歇，冷眼等候回覆。見情勢艱難，出發前一心「軟到底」（甚至一度計畫三人買四位，藉此獨享包間）的我只得苦臉點頭：「也好，省車資。」

・晚點火車終於進站

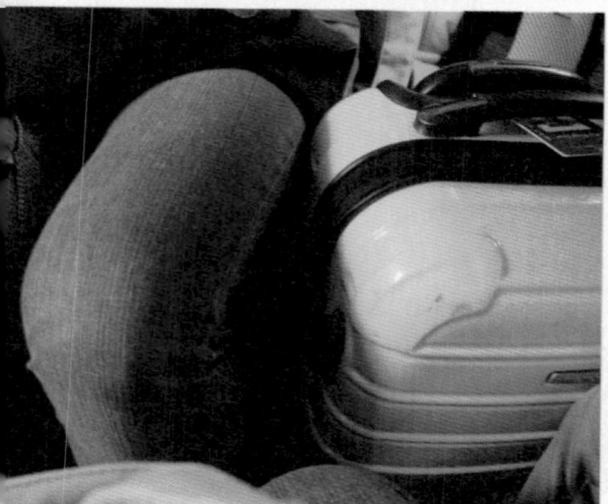

・行李或上或下塞得緊緊緊

・潮男位子被占，索性展開奇「換」漂流

・擠在窗邊位的小哥不是趴著睡逃避現實、就是看窗外虛度光陰

## 座位大風吹

不只買票，位置也是搭乘火車一大學問，在蘭州先行購買「柳園→吐魯番」車票時，對能拿到連號座位高興不已，心想：「終於有趟不用各據一方。」未料，上車後竟同樣分崩離析?!原來，號碼連續不等於座位相連，以硬座十人一組、0至9號的座位為例，第一排為「窗｜0、1、2｜道｜3、4｜窗」，與其面面相對的第二排則是「窗｜5、6、7｜道｜8、9｜窗」，因此0號面對是5號、2號面對是7號、2與3號間有走道相隔、4與5號分居車廂最遠兩側，0、4、5、9號靠窗，1與6號則是全車最淒涼的「夾中間」。由於位置大多不如己意，善於「變通」的中國人於是自立自強，形成硬座車廂內不管座位號，一律隨心所欲、先坐先贏的潛規則。

「每人都有自個兒的座位，得自己據理力爭呀！」甫上車的大爺見位子為我所坐，立即發出不平之鳴，自知理虧的我一臉無辜：「我的位也被人占了……」目光轉向趴在小桌上昏睡、額頭壓得發紅的亂髮小哥。大爺見眼前人徬徨無助，索性扭頭另覓空隙，離去前丟下一番理想性十足的箴言，無奈他也做（坐）不到。沒多久，學習力頗強的台胞也逐漸適應「跳棋換位法」，看準時機換來換去，終於實現獨霸四人座小天地的願望。只是，快樂並未持續太久，循號而來的大嬸理所當然擠進靠窗位置，一坐定，先毫不避諱地仔細打量身畔三個不知打哪來的女人，再咚地趴下作午睡姿勢。不一會兒，她更把鞋踢踏一脫，右腳很自然地伸到對面椅墊上，無人也罷，無奈坐在那的正是我……「伊嘎咖翹低家，燒呼呼。」我以不輸轉台語細聲分享妙趣遭遇，旅伴偷偷一望：「厚，甲系咧！」之後，大嬸補眠結束，從包袱裡掏出一袋尚帶白色果粉的新鮮葡萄，自己快意品嘗之餘，也拔了兩串放在小桌板上。「吃、吃！」總會將蔬菜水果徹底洗淨的旅伴，在聲聲催促下勉為其難連吞幾顆，她事後坦言一切出於盛情難卻：「一看就知沒洗，但……怎麼辦呢。」

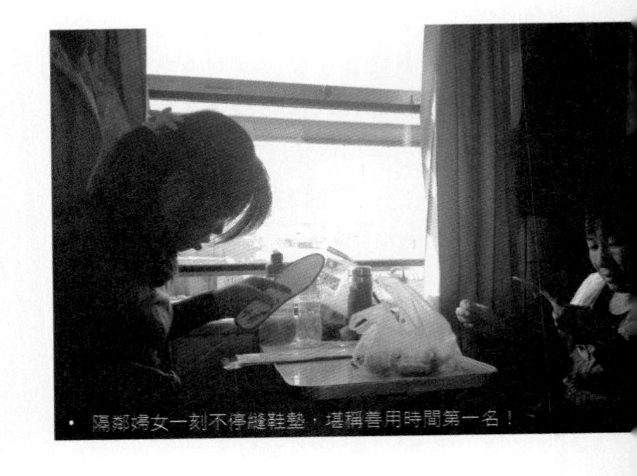

• 隔鄰婦女一刻不停縫鞋墊，堪稱善用時間第一名！

## 廣播好妙

「清晨，溫暖的陽光照耀著雀躍的遊客、返鄉的遊子……」開往吐魯番的班次，車上廣播包羅萬象，從朗誦詩一般的短文、文明乘車的宣導、DJ回信到餐車菜單，數小時連番轟炸。當地人早已聽若罔聞的制式聲線，我們倒像發現新大陸，個中妙趣排山倒海。播音員慣於將一個簡單的理念或規定包裝在極其複雜的故事性陳述中，像是主旨希望家長留心兒童安全的叮嚀，卻從「當您的孩子不在您身邊的時候，會不會擔心他們的安危呢？之前曾發生一名兒童……又有一名兒童……再有一名兒童……只要父母多留意一點，這樣的憾事就不會發生。」拉來扯去，很想對她說：「講重點！」；又如說明為何窗戶至多僅能開啟20公分的理由時，播音員又從數個亂丟垃圾的往事說起：「曾有一名男性乘客因為貪圖一時的便利，將酒瓶順手丟到車廂外，不巧砸中正在服勤的鐵路幹部，造成多人受傷；又有一名女性乘客……。」兜來轉去，總歸一句「亂丟垃圾是人命關天的禍根」。

向來對餐車莫名偏愛，尤其熱中邊看風景流轉邊吃現炒菜餚的優雅情境，此次雖與它相隔數節車廂（來往一趟最少十分鐘，還得穿越無數或躺或站或蹲或坐或打橋牌或裝熱水或翹二郎腿的硬座乘客），依舊無法澆熄光顧決心。旅伴好奇菜色如何，滔滔不絕的我頓時語塞，好險廣播小姐及時搭救：「中午時間，正是您享用午餐的時刻，位於第十車的本列餐車將為您提供豐富選擇，包括：大盤雞、中盤雞、豆腐燒肉、蘑菇燒肉、酸菜魚……，還提供各式套餐與盒飯。」從頭念到尾的廣播內容，完全滿足饕客好奇。懷抱有雞有肉有魚的飽餐幻想，結局卻是一陣悵然：「大盤雞都是馬鈴薯，燒肉哪有肉，全是豆腐，只有白飯很大碗。」餐車不復之前火侯、口味退步，唯獨服務怠慢傲慢更勝以往。此外，比起一等半小時的常態，服務員稱已訂位的「特權人士」不僅能隨到隨坐，還可隨點隨吃，神態自若的嘴臉真令眼睜睜看著他們唏哩呼嚕吃到飽的「普通人」髮指吶！

• 乘坐長途火車，餐車錯過可惜

## 液態、異態

廣播內容包山包海，其中不乏安全宣導，除向車外丟擲垃圾、熱水盛裝過滿等危險動作，也格外關注因精神不濟、身心不安導致脱序行為的「異態乘客」。整列火車中，條件較差的硬座可謂「異態乘客」發作的高危險區，錄音中談到若感覺身邊有人焦躁不安、舉止怪異，先不著痕跡地將刀具打火機等物品悄悄收起，再伺機向乘務員報告，盡可能防患未然。

「原來這叫做『液態乘客』！」我們聽完這番「有的放矢」的提點，毫無懷疑地將廣播中的「液態」解釋為「指像水一般不定性、無法控制與規範的人」。視為理所當然的「液態」，在旅伴回台後，意外被措辭凶狠的家人吐嘈：「還文字工作者咧！『異態』當然是異類的異！」「啊！不是水那個液態？」瞪大眼的我難掩驚訝，旅伴輕哼：「就説不只我，妳們也這樣想嘛！」

「會不會尊重別人的勞務？才掃完，你們又弄滿地，怎麼都説不聽！」負責管理與清潔車廂的維族乘務員金髮碧眼，無時無刻不在掃地擦窗整理廁所，嘟著一張臉的她，總是肆無忌憚地用略帶腔調的普通話高聲痛斥，氣恨隨手扔下的紙屑果皮玷污桌面底板。「多虧這位麻豆級的俄羅斯娃娃，才有乾淨廁所可用。」絲路行屢屢遭各式衛生間驚嚇的旅伴，對難得徹底執行清潔工作的「俄羅斯娃娃」讚譽有加，卻也感嘆外型亮眼的她，終日窩在小小車廂內為瓜子殼、泡麵渣生氣未免可惜……

**掃描看影片**
硬座實況

火車再遲也有到站時，揮別悲喜交加的硬座體驗，由衷慶幸自己只是「偶然的過客」而非「必然的常客」。「沒事兒，咱再睡個覺、吃點啥，就到了！」對比吃不下、睡不著的「過客」，訓練有素的「常客」早已練就倒頭就睡、醒來就吃的逍遙功。看著拼命搶熱水泡麵的大叔、不斷撕開零食包裝的小妹、努力縫製手工鞋墊的大嬸，無論是對硬座的「阿雜」（泛指焦躁、鬱悶、煩躁、不安、煩悶，個中巧妙只有台語才足以貼切形容）等閒視之、習以為常或視若無睹，都覓得最佳適應之道，寬心享受苦中作樂的搭車時光。

## 5-2 花花世界

由敦煌經瓜州至吐魯番，絲路行正式從甘肅省跨入新疆維吾爾族自治區。身歷其境，才明白唸書時囫圇背誦的行政區劃，不僅是便於管理的地理界線，也反映居民組成的結構差異，踏入新疆，明顯感受綿延千年的民族文化與融入生活的伊斯蘭信仰。來到維族比例超過七成的吐魯番市，異國感更添強烈，旅社對面恰是熱鬧非凡的市集「交和民俗大巴扎」，從天亮開門到天黑關門始終駢肩雜遝、絡繹不絕，老闆與顧客幾乎全是維族，耳畔盡是辨識度零的維語，說普通話的我們倒成了真正的老外！巴扎的店家多元豐富，穿的戴的吃的用的應有盡有，其中女性首飾配件絲巾服飾占比最高，款式件件噱頭炫目、色彩各個鮮艷奪目，步行其間，猶如踏進金銀島般的花花世界。

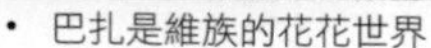

• 巴扎是維族的花花世界

## 奶奶首飾

交和巴扎內的商家主要分為固定鋪與流動攤兩類，前者熱中將商品整齊而密不透風地塞滿整個店面，顧客若有感興趣的玩意，務必得請夥計拿取，否則隨性一抽，肯定引爆土石流；後者則是在盡可能的範圍內，將所有貨色展示出來，或架或疊或高或低，除了僅容一人穿越的通道，半點空間都不浪費。在「地盡其利」的原則下，整個巴扎時刻處在「商品滿水位」狀態，加上不斷湧入的人潮，已非水洩不通足以形容。對民俗系、懷舊風愛不釋手的三人，眼見好貨滿坑滿谷，終於無法壓抑克制多日的購物欲，在分而不散、相互提點的安全前提下，盡情看個過癮挑到飽。

我一向對和藹可親的女性長輩毫無招架之力，症頭在絲路行更見張揚，西安縫毽子的祖母、蘭州捺童鞋的婆婆、賣油煎熱狗腸的大嬸……只要見著，那怕商品一點都不實用（踢毽子從未超過兩下、家中無可穿小鞋的娃娃、熱狗腸向來粉多難吃），還是每遇必買。才進巴扎，毫無意外被維族奶奶經營的迷你小攤吸引，坐在小板凳上的她臉上掛著和藹笑容，仔細將包袱內各式樣閃亮亮的手環手鍊戒指逐個掏出整理，不一會兒，擺滿紙盒、掛滿手臂的壯觀陣勢，完全印證數大就是美。見客人興趣濃厚，擅於察言觀色的奶奶邊將手環套在我的手上，邊用維語稱讚好看，對我的詢問毫無回應，各自表述的雞同鴨講，直到熱心路人充當翻譯，才明白她用心良苦的銷售話術。本以為平價購入的金屬飾品短時間內肯定落漆、生鏽或變色，沒想到品質卻是出奇的好，即使彼此碰撞聲鏗鏗鏘鏘，也沒有造成傷痕。為求物盡其用，回台灣後，我仍不時將這批輕薄亮眼的戰利品穿戴上身，奢華貴氣與儉樸素顏南轅北轍，旅伴一語道破：「妳……的手腕很像維族婦女哩。」

• 水壺花色繽紛

• 維族大叔席地販售手工小刀

• 維族奶奶和藹可親，不論挑啥首飾都讚好！

• 愛不釋手的閃亮戰利品

• 地毯同屬華麗路線

• 蕾絲花邊是布料必備裝飾

• 維族女性必備的花俏絲巾

## 華麗一族

絲巾、馬靴、民族服飾、鍋碗瓢盆⋯⋯巴扎裡攤位一個接一個，種類包羅萬象，最大公約數就是亮晶晶！沒有漢族穿金戴銀時的俗氣，維族婦幼非常適合顏色鮮明對比、大量披掛金飾寶石的穿著，成群結隊在市集掃貨，確是名符其實的「華麗一族」。相較此生無緣的耀眼裝扮，自蘭州巧遇並愛上古早味搪瓷盤、舊時玻璃杯的我們，終於宿願得償覓得杯盤大本營。數間店鋪正中喜好，不只食器花樣多如牛毛，如馬卡龍般繽紛多彩的茶壺，更是可愛到想全數供在自家玻璃櫃中。

有志一同的旅伴與我將大把時間耗在端詳、挑選和猶豫中，數度拿起放下的結果，竟是一個都沒買！「壺怕壓凹，玻璃更易碎。」考量後續還有好一段「自作自受」的背包旅程，已懂得現實與理想差距的輕熟三人組，忍痛暫別各自所愛⋯⋯之所以說「暫」，是因為咱們心中早有盤算：「既然一般巴扎都有如此盛況，那麼有『巴扎王國』之稱的喀什，當然更不得了！」懷抱淡淡的失落與濃濃的期待，我鬆開緊抓上面印有「囍」字的搪瓷杯的手，相信不日再重逢。

• 杯碗茶具閃亮亮

• 剝皮小羊待價而沽

• 吃不完整顆西瓜？老闆貼心切片分售

• 餐桌上擺有一盤生雞蛋，難道可自行加進湯麵中？

• 親子吃麵樂

## 維式鹹酥雞

巴扎中段為販售肉品蔬果的生鮮區，肉類以羊為主，綿延數公尺的攤位都是千篇一律的「血腥」畫面——已剝皮的羊咩咩排隊倒掛，顧客根據喜好、需求選擇整隻切開或從已肢解的部位挑選。和台灣分門別類（蹄膀、內臟、五花肉等）、切割器具齊備（剁刀、切片刀、絞肉機）的情形不同，這裡的肉攤通常只有一個板凳、一塊樹幹改造的原木砧板、一把短而利的隨身短刀與一只斜砍在砧板上的斧頭，展現遊牧民族的瀟灑性格。待客人選定，老闆便熟練地將肉自掛勾取下，再俐落地或砍或切，三兩下就將看得出形體的動物變成可供人烹調的食物。別於「獨沽羊味」的肉，市集裡的水果種類相對多樣，綠洲出產的石榴、柿子、葡萄、香梨、香蕉、蘋果、小橘子等滋味濃郁、甜美多汁，而且外型越醜的越好吃！

• 烤麵筋辛香料重、有嚼勁，滋味不輸真肉串

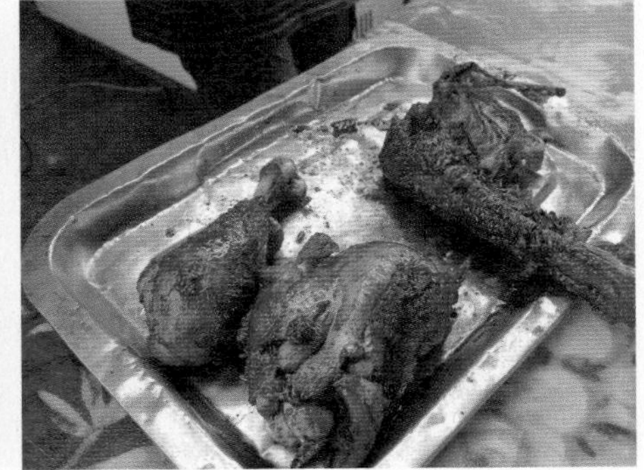

• 烤雞上塗抹厚厚香料

• 麵包推車生意極佳，人人徒手搶包

• 維式鹹酥雞攤清一色都是炸物

大飽眼福、大開眼界的同時，腸胃也發出飢餓的訊號，什麼都賣的巴扎自不缺祭五臟廟的熟食攤商，一整片位於帳棚下的開放式座位，就是打牙祭的所在。維族飲食以羊牛雞肉、麵粉製品為主，除了隨處可見的烤全羊、清燉羊蹄、烤雞、饊子、饢、涼皮、拉麵、曲曲兒等，也不乏被我暱稱為「維式鹹酥雞」的油炸攤。長桌上整齊擺放整隻大雞腿、整條魚和兩個一串的炸水煮蛋等等大份量食材，旁邊則是熱氣直冒的油鍋，老闆迅速將裹粉漿的半成品投入，不用幾分鐘，金黃誘人的酥脆炸物就完全熟透。儘管「他鄉遇油鍋」，實際還是各有巧妙，回鍋再炸的所費不貲大雞腿（15元人民幣）味香肉嫩，可惜純鹽調味不若家鄉層次豐富，多吃幾口就嫌單調。

## 絲路第一味

「這間店的麵，是我絲路行中的第一名！」口味、腸胃皆水土不服的旅伴，難得對酸甜適中、鑊氣十足的維族食物「過油肉拌麵」（將羊肉過油後與青椒、番茄、洋蔥、蒜炒熟後淋在麵上）讚不絕口，中午才大快朵頤，晚上又嚷著再去。三人評價數一數二的飯館，其實名不見經傳，小店就開在巴扎旁的矮房子內，黑黑暗暗不起眼的門面，站著一位熱情洋溢的老闆娘，一面推銷現蒸的薄皮包子（維語「卡瓦曼塔」，餡料有葫蘆、洋蔥、牛羊肉等），一面招攬過客內用。最初吸引光顧的理由，並非日後念念

**掃描看影片**
維式鹹酥雞

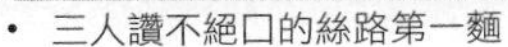

• 三人讚不絕口的絲路第一麵

• 抓飯涼吱吱，美味打折扣

不忘的拌麵，而是裝著油油亮亮手抓飯（維語「婆羅」，維族最普及的傳統食物，以羊肉、紅蘿蔔、洋蔥、米煮成的飯，多用手直接抓著吃）的黑鐵鍋。

「要點什麼？」老闆娘雖會講普通話，卻常是有聽沒懂，為免出錯，索性使出一指神功，要這要那一目了然。開頭只想試試抓飯的我們，意外得到三個薄皮包子，不明就裡的困惑，在什麼都有的網路獲得解答：「薄皮包子常和抓飯一起混合吃，合稱抓飯包子，是維族上等飯食之一。」眼前盡是碳水化合物，旅伴苦笑：「早知就不點麵了！」然而，隨著酸甜氣逼人的過油肉拌麵上桌，所有「懊悔」都變成「好在」。又稱拉條子的拌麵，顧名思義是利用巧勁將具筋性的麵糰拉扯成麵條，與常見的機器壓製不同，多了手工的獨特Q彈，加上師傅大火快炒的過油淋醬，營造筆墨難以形容的美味雙重奏。

• 饢不只是食物，也是藝術

## 熱門有理

逛完一圈眼飽肚滿，正欲回旅社躺著長肉，卻見一群人虎視眈眈地盯著一個水泥桶，我們快步湊近，如此熱鬧豈容錯過？數分鐘後，留著小鬍子的維族大叔揭開鐵蓋，以特製長柄夾熟練取出色澤金黃的烤餅。不待老闆娘盛盤裝袋，大家不顧高溫邊搶奪邊扔錢，一陣秋風掃落葉，無用武之地的她手捧滿滿小額紙鈔宣布：「沒有了、沒有了，要的得再等。」引爆排隊熱潮的商品，正是新疆隨處可見的維族小食——維語「沙木薩」的烤包子。

烤包子的餡料與薄皮包子大同小異，以羊或牛肉、洋蔥攪拌後再混入孜然、胡椒、鹽等調味，外皮則是未經發酵的麵糰分小坨後擀平，包入肉餡後四邊折合成方形。當饢炕（維語「吐努爾」，燒煤炭的圓形烤爐，原理類似貼爐燒餅）達到一定溫度，就一鼓作氣將包子快速貼入，一般十餘分鐘就可出爐。雖然原理簡單易懂，成果卻是有高有低。這間熱門非常的烤包子外皮薄脆酥化、內餡油嫩鹹香，無怪總能

• 製饢step 1：搓揉麵糰

• 製饢step 2：使用模型在餅皮上壓出花紋

• 師傅往饢炕內灑水後，立即將生包子貼入

• 製饢step 3：將熟成的饢自饢炕取出

• 製饢step 4：於甫出爐的饢上抹油，提升香氣與加強酥脆

• 一群人虎視眈眈等候烤包子出爐

• 饢伯伯時時笑臉迎人

吸引大批當地饕客駐足等候。「妳們要三個嗎？」老闆娘見嗷嗷待哺的三人毫無戰鬥力，唰地丟來鐵盤，善心協助搶包。爽快咬下得來不易的烤包子，傾洩的滾燙肉汁差點要命：「哇，舌頭都快熟了！」說完，香噴噴的肥羊肉餡掉了一地，真是典型的呷緊弄破碗！

停留吐魯番兩日，大半光陰都貢獻給飲食購物一樣不缺的巴扎，儘管沒有光鮮亮麗的櫥窗與控制室溫的空調，卻有遠勝摩登商場的在地魅力。市集內東看西瞧樂趣無窮的同時，也親身體驗「維族人很會做生意」的傳聞絕非浪得虛名，老闆們靈活運用「笑臉迎人」、「主動招呼」、「放長線釣大魚」等銷售態度或技巧，充分活用無往不利的營生招數。「來嘛，來嘛，嚐嚐好吃的包子。」多虧老闆娘聲聲呼喚，才讓我們有勇氣走進暗不見底的小館兒，嚐到驚為天人的絕讚拌麵！

## 5-3 買買提，勾勾迪

「咱吐魯番世界知名，全國最低點嘛！」、「莫高窟哪有啥，不就是土洞哇！」、「小島台灣南北才四百公里，我一天開得都不止哩！」屢屢誤點的火車終於到站，拖著疲憊身軀，仍得馬不停蹄前往距車站47公里外的吐魯番市區。沒趕上爆滿公車，只得改搭喋喋不休小哥駕駛的黑牌的士，同車還有一位談吐純樸實在的返鄉青年。雖是短短車程，已明顯感受此人自詡「萬事通」的胡咧咧性情——不至於井底蛙但絕對稱得上半瓶水，乍聽種種言論覺得逗樂有趣，一連嘰喳數十分可就累人。「有打算到葡萄溝、砍兒井還是高昌故城、交河故城、蘇公塔麼？」三人聽出「推銷包車」的弦外之音，異口同聲裝傻推託：「一路奔波，想先好好歇歇。」恰巧對錢幣興趣濃厚的青年適時轉移話題，旅伴忙著與他兌換（最後竟是以5人民幣鈔票換5台幣，硬生生賺了五倍暴利！），自然化解小哥滔滔不絕的繼續糾纏。

• 巴扎周邊常有掮客埋伏

旅途中，最不喜被推銷客盯上，輕則亦步亦趨、笑臉包圍，重則守株待兔、陰魂不散，為生計謀拼搏的盡力態度固然沒錯，卻難免造成遊人或短或長的困擾與不悅。本以為「厭惡勾勾迪」的定律牢不可破，未料竟在吐魯番碰上罕見的例外，此人並非嘻皮笑臉的漢族的哥（大陸對計程車司機的親切暱稱），而是神出鬼沒、知難不退的維族司機買買提。「我叫買買提，朋友要去哪兒？我都可以都可以。多少錢？妳先上車先上車。」模仿買買提「類老外」的談吐語調已成一演必笑的經典，而與他多番偶遇的「類驚悚片」緣分，更成旅途中津津樂道的橋段。

• 老城區居民以維族為主

## 我叫買買提

吐魯番市位於吐魯番盆地內，古時曾陸續為車師、高昌、察合台汗國管轄，吐魯番的稱呼源自維吾爾語，意指「塌陷了的地方」。當地居民七成是維吾爾族、漢族僅兩成，截然不同的異族情調令人萌生「這裡不是中國」的由衷感觸。完成「交通賓館」入住手續，飢腸轆轆的我們不顧宵夜大忌，直奔對面蒸氣煙霧繚繞的小夜市，十餘分後，拎著維族媽媽的熱呼呼現包曲曲兒（類似餛飩的維族小吃，將肥羊肉與洋蔥、孜然粉、胡椒粉混和後包入方形麵皮，再於肉湯中煮熟）、維族伯伯的香噴噴手切燉羊肉歸來……就在準備大啖的歡愉時刻，首度邂逅自稱買買提的中年大叔——他從旅社大門旁的黑暗中悠悠現身：「我叫買買提，朋友有需要車子嗎？想到哪看看嗎？」對這類突如其來的拉客早已習慣，旅伴與我客氣苦笑婉拒，他也如其他同行般緊追不放：「這是我的電話，朋友考慮考慮！」回房開吃，焦點除了快燙穿超薄塑膠袋的餃子與夠鮮卻難得不夠鹹的羊腿，就是過目難忘的特色人物買買提。

• 維族媽媽的曲曲兒鋪

• 難得不夠鹹的清燉羊腿

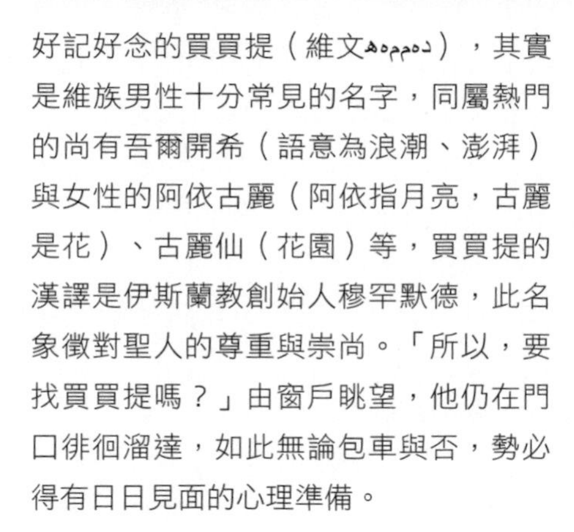

好記好念的買買提（維文مەمەت），其實是維族男性十分常見的名字，同屬熱門的尚有吾爾開希（語意為浪潮、澎湃）與女性的阿依古麗（阿依指月亮，古麗是花）、古麗仙（花園）等，買買提的漢譯是伊斯蘭教創始人穆罕默德，此名象徵對聖人的尊重與崇尚。「所以，要找買買提嗎？」由窗戶眺望，他仍在門口徘徊溜達，如此無論包車與否，勢必得有日日見面的心理準備。

## 朋友，不見不散

交通賓館正對極具規模的「交河民俗大巴扎」（巴扎意指市集），只需鼓足勇氣穿過車流暢旺的馬路，就是精彩奪目的綿延攤位。忙著相準時機穿越的台胞，再度成為買買提追逐的焦點：「朋友，又見面了。」他邊快步追邊高聲講，句句不離本行，見我們搖頭再三，依舊視若無睹，你追我跑的場面，直到離開買買提的活動範圍才鬆口氣。「回程想必難逃煎熬……」果不其然，滿臉笑的他一派親切迎接：「朋友，去哪裡了？要車要找我。」幾次下來，已習慣在歸途埋伏的買買提，使我們「揪甘心」的是，無論如何表明心機，越挫越

• 前往交河故城同樣「非包不可」，離開時得再請門口掮客叫車

• 三人聯手在交河故城狂拍百張，成果卻是百分百的「千篇一律」！

勇的他仍然一問再問，貼切印證「寧可錯殺、絕不放過」。

## 無所不在

經歷數日風塵僕僕，棉衫、牛仔褲都染上厚厚塵土，正巧旅館對面有間洗衣店，得知溼洗脫乾只需一天，便安心託付。隔日，櫃台擠滿急著取件的男男女女，依約定時間前來的我完全無法靠近……原來店家「專洗皮衣」的廣告正中愛穿皮衣的維族人，加上收費略低於市價，導致客人蜂擁而至，吸納太多生意卻無法消化的結果，造就前台人滿為患、後台衣堆如山的窘境。「收錢快得很，拿衣服倒是慢得很！」苦等不著的維族大叔幽默調侃，贏得眾人一陣笑聲附和，頭殼摸著燒的漢族老闆夫婦雖然故作鎮定，但頻頻發抖的雙手與慌亂失神的雙眼，已徹底洩露他們的手足無措。正當老闆在茫茫衣海中尋覓我們的衣褲時，一個俐落的身影咻地翻過櫃檯、跳進生人勿近的工作區，定睛一看，竟是無所不在的買買提！他飛快找到並穿上自己的皮外套之餘，還幫幾位無助同胞翻出數件西裝褲，專注神情與拉客時的屌兒啷噹大相逕庭。

• 交河故城門票

目睹這番見義勇為，使買買提的好感度倍增，旅伴提議：「不如打聽一下他的包車價格。」被尊為「大陸行翻譯神童」（任何腔調的家鄉音都聽得懂）的我自然擔下責任，不久電話那頭傳來熟悉的聲音：「我是買買提……」經過一番對話，這才明白他不分晝夜積極拉客的理由，正在放長線釣大魚。相較旁人小賺也賺的心態，買買提專營包日套裝行程，一天開價動輒五、六百人民幣，不論價位或時間，都非我們這種只待三日的背包客所能負擔。掛上電話，雖有幾分恐被識破的緊張，但隨即被匿名的安心感取代，殊不知好戲在後頭……「早上是不是妳們打電話給我？」買買提一語道破事實，被抓包的我只能邊變聲否認邊暗自哀嘆：「果然不是省油的燈！」

日日沉溺逛巴扎，早將古蹟景點拋到腦後，直到只剩一個下午的停留時間，旅伴提議：「不如去附近的交河故城。」無奈這座距離市中心不過11公里的中國唯一一處保存漢代城市遺址，竟沒有公車行經，包車儼然是唯一選擇。排班師傅表明單趟公定價20人民幣，一切談妥上車，難得不見蹤影的買買提突然從長途巴士站衝出。「妳們怎麼不找我……？」幽怨的呼喊聲與輪胎捲起的塵土，宛如偶像劇催人熱淚的訣別畫面。「呼，好佳在。」別於黯然落寞的買買提，三個無情的女人瞬間體會「逃走成功」的刺激與爽快！

# 烤包子與薄皮包子

**掃描看影片**
製作烤包子

烤包子是維族最喜愛的麵食之一，維語稱作「沙木薩」，舉凡大小餐館或路邊攤均有販售，與饢、烤全羊等新疆特色食物相仿，烤包子也是使用饢坑（底大口小的鹽土製火灶）烘烤熟成。製作時，師傅會將餡料（羊肉、洋蔥、孜然粉等）包入擀薄的死麵皮（非發麵）中，四邊折合呈方形，再迅速貼入燒熱的饢坑內，約十餘分鐘就可出爐。與熟悉的圓形蓬鬆蒸包不同，烤包子外殼金黃薄脆，皮與餡間存在空隙，此外，由於帶筋的羊肉是切成丁狀而非絞碎，脂肪因高溫融化，入口時更能感受其獨特的油香與嚼勁。

除用烤的包子，維族也有用蒸的「薄皮包子」，維語稱作「皮提曼塔」。薄皮包子可謂小籠湯包的XL版，捏花為雞冠狀，皮薄近半透明，內餡變化豐富，包括：羊肉洋蔥、韭菜羊肉、南瓜羊肉、葫蘆羊肉等多種搭配，一口咬下，鮮濃的湯汁傾洩而出，十分過癮。值得一提的是，維族人常會將薄皮包子置於饢或抓飯上，再灑胡椒粉一併食用，如此才是最道地的維式吃法。

10.18

# DAY 11

## 吐魯番

**行程** 敦煌→柳園→吐魯番（火車硬座10：38開）

**住宿** 交通賓館

**日記** 司機分享敦煌生活，春夏交際刮沙塵暴，厲害時，白天如黑夜。一般由市區東西向（以西為多）襲來，先見遠處天色變黃，不久黃土夾雜灰塵，一般不礙事，但有時會為此放假。敦煌氣候乾燥，一年不到百毫米雨量，冬季零下20度，需暖氣，否則水管爆裂。敦煌漢族占98%，少部分維族與回族。家居飲食「茄辣西」茄子、辣椒、西紅柿，拌扯條子，喜食辣椒，不辣沒味兒，川菜合胃口，米飯一週三次。年三十晚吃紹子麵。國家重視傳統節日，中秋、端午開始放假，包粽子無粽葉，所以放在碗中食用，內餡有花生、枸杞、大棗。火車因機械關係，晚點40分，廣播錄音客氣解釋，站務人員口氣凶狠（笑）。車上廣播有趣：亂丟垃圾是「人命關天的禍根」，因此窗只能開20公分；要做到文明乘車，人人爭當文明乘客。餐車位於第十節，廣播詳列菜單內容：大盤雞、中盤雞、豆腐燒肉、蘑菇燒肉、酸菜魚等，提供套餐。重視小細節點滴，卻放過重點，拼命催趕上車，列車卻誤點嚴重……種種例證多不勝數。車行間，維族乘務員大發飆：「會不會尊重別人的勞務？我才剛掃乾淨，你們又弄得滿地。」大叔乖乖接受痛罵，卻還是陽奉陰違繼續亂丟果核紙屑。下午3：00到哈密、6：21到鄯善。

## 旅遊資訊

**吐魯番交通賓館**

電話：0995-6258666

地址：吐魯番市內老城西路230號（近高昌中路）

交通：火車站距市區約50公里，公交車15人民幣，計程車1人20人民幣

資訊：位於市中心，緊鄰客運巴士站，穿越馬路即為吐魯番最熱鬧的交河民俗大巴扎。晚上有維族特色的夜市小吃，非常便利。雖號稱二星級，但浴室內不能細看，附自助式陽春早餐。

### $花費清單

- 計程車包車150（敦煌→柳園）
- 小點17（巧克力夾心蛋糕餅+3顆蛋）
- 火車279（柳園→吐魯番@93*3）
- 火車餐車50
- 計程車60（吐魯番火車站→市區@20*3）
- 夜市小吃31（維族餛飩湯10+燙羊頭皮13+嘴邊肉8）
- 葡萄酒5
- 汽水6（@3*2）
- 交通賓館280（附早餐）

---

- 小計878

# 10.19 DAY 12

## 吐魯番

**行程** 交河民俗大巴扎

**住宿** 交通賓館

**日記** 賓館對面維族巴扎商品豐富、精彩非常，商家以維族為大宗，購買絲巾（3條原價60、折後55）、維族男折帽（35）、手環首飾（三手環、一手鍊、三項鍊總價100）。下午煮羊肉時，三洋鍋因電壓不穩燒掉，購入當地電熱鍋16.8元，功率高，燒非常滾。傍晚睡至10點，感冒緩解。

## 旅遊資訊

**ⓘ 交河民俗大巴扎**

資訊：歷史悠久的民俗大巴扎位於市區老城路，攤位囊括雜貨日用品、衣帽手飾、布匹絲巾、農產品、小吃等應有盡有，加上色彩繽紛的維族婦女穿梭其間，畫面美不勝收。每天約有上萬人次進出巴扎，本地與外地遊客齊聚，熱鬧非凡。

### $花費清單

- 包子1
- 饢 3
- 市場青菜4（番茄+大白菜+洋蔥+白花椰）
- 炸雞腿13
- 湯2
- 羊肉25
- 洗衣店23（3條牛仔褲+1件衣服）
- 快煮電爐16.8
- 夜市烤肉60（烤全羊48+烤羊肉串12）
- 超市購物10.5（蘇打水4+泡麵2+酸奶冰棒2+巧克力甜筒2.5）
- 交通賓館280（附早餐）

---

- 小計573.3

10.20

# DAY 13

## 交河故城

**行程** 交河故城、吐魯番巴扎

**住宿** 交通賓館

**日記** 前往距離市區11公里的交河故城，車資20元，門票40元。中餐在維族小館享用，手抓羊肉飯、番茄洋蔥羊肉炒麵（驚人讚）、羊肉洋蔥包3個。下午返旅社休息，傍晚至巴扎覓食，購入半隻烤雞（一公斤40元）、滷羊肉、2個石榴。烤雞非常美味，雖因剪開而雞汁流失，但混合香料後仍有肥嫩感，比烤羊肉滋味更佳。在吐魯番洗牛仔褲，3條加1件長袖上衣23元，洗衣店為漢族經營，號稱洗皮衣為主，顧客多是愛穿皮製品的維族（因地處維族老城區）。效率不佳，總找不到衣服，維族顧客揶揄：「收錢很快，拿衣服倒是慢的很！」

## 旅遊資訊

### 交河故城

門票：40人民幣

交通：計程車單程20人民幣

資訊：根據《漢書．西域傳》記載：「車師前國，王治交河城，河水分流繞城下，故號交河。」文中清晰描寫交河故城的地理形態，明代出西域的使節臨城時也寫下生動的《崖兒城》：「沙河三水自交流，天設危城水上頭，斷壁懸崖多險要，荒台廢址幾春秋。」交和故城建於西元前2世紀，是現存最古老的夯土城市，唐時曾大肆修築，形制佈局與長安城相仿。吐魯番的乾燥氣候，有助減緩崩塌損壞，因此至今仍依稀可辨市井、民居、街巷、佛塔、官署、藏兵壕等古遺跡。

### $花費清單

- 計程車40（交通賓館←→交河故城）
- 麵包1
- 午餐28（包子@1*3+手抓羊肉飯15+無敵好吃炒麵10）
- 烤包子4.5（@1.5*3）
- 喉糖17.4
- 蛋捲冰淇淋1
- 晚餐51.5（泡麵2+烤雞半隻25+啤酒@9*2+燙羊雜10+橘子汽水3+甜筒2.5）
- 水果10（石榴@4*2+小柑橘2）
- 交通賓館280（附早餐）

---

- 小計433.4

# 庫爾勒

6-1 · 奇遇記 | 6-2 · 蘿蔔啥玩意 | 6-3 · 軟臥的考驗

# 6-1 奇遇記

自數年前嘗過庫爾勒香梨的美妙滋味，每每赴大陸見著，總不忘買幾個解癮。緊密聯結的五個字，導致只要聽聞庫爾勒，腦海便自動浮現質地綿密、清甜多汁的香梨，忘記這座城市不僅僅有梨而已。與想像中隨處可買梨子、到處可見梨樹的農村小鎮不同，現在的庫爾勒市區盡是新穎現代的高樓華廈，平坦寬敞的柏油路四通八達，商業活動蓬勃非常。一查才知，以石油為經濟主軸的庫爾勒，近年發展飛速，綜合競爭力甚至高居新疆維吾爾族自治區首位。香梨雖然還有，大半已成裝在精緻禮盒內、所費不貲的伴手禮，街邊零售的攤位不多，外型一般、價格不低，旅伴笑言：「進了梨城，梨反而少了貴了！」

由吐魯番至庫爾勒，人文變化明顯大於自然景致，身邊從繽紛亮眼的維族轉為平凡無奇的漢族，幸有圓臉紅頰的蒙族穿插其間，增添多元民族的可看性，畢竟這裡可是巴音郭楞蒙古自治州首府。「庫爾勒，和我想得不一樣！」日記標題簡潔有力、一語道破，儘管只停留一天半，卻在心中烙下深刻記憶，奇景、奇聞、奇食……種種見聞堪稱奇遇。

## 茅廁奇景

坐上自吐魯番開出的巴士，無可避免再度為座位問題陷入忙亂。難能可貴的是，票面載明的號碼罕見地派上用場，有幾分江湖氣的維族司機正義凜然，將盤據我們位置上的乘客調走，雙方以飛快流利的維語溝通，肢體表情豐富，推估對話不離「那是人家的位置！」、「有啥關係，還有別的位呀？」距離預定發車時間只剩五分鐘，車內的座椅、行李塞得滿滿，司機啟動引擎、一副蓄勢待發。千鈞一髮，去廁所的旅伴終於「歷迷歸來」，緊張萬分的我嚇得頻拍胸脯：「難得遇上如此準時的車，再遲點，可得攔車喊等吶！」

巴士平穩上路，坐在前排的我們漸漸發覺氣氛奇異，後方持續傳來異國風情十足的和聲清唱，雖是邊笑邊哼的玩票性質，音質音準卻絲毫不打折扣。回頭一看，旋律來自數位輪廓深邃、穿著亮眼的維族婦女，各個面容和善笑瞇瞇、自然而然手舞足蹈。與其中一位同坐的旅伴還未開口，對方先以帶有濃濃口音的普通話打破沉默：「我們是從庫爾勒到吐魯番研習的中學老師，有的是教音樂的、有的是教語文的……結束研習要回家了。」說完，她掏了掏包袱：「吐魯番的葡萄好，台灣有吃過嗎？試試、試試。」不一會兒，又從滿溢的塑膠袋裡抽出兩個硬梆梆的饢：「吐魯番的饢好，妳們有嚐過嗎？送妳、送妳。」旅伴由衷稱讚維族女人髮色棕黃柔順、天生美麗又善於打扮，著實令鼻塌眼小的我們羨慕不已，爽朗的她不以為然：「黑頭髮好看，還想染黑呢。」唉呀，真是人在福中不知福?!

車行三小時餘，巴士在前不著村、後不著店的荒郊野外緩緩靠邊，一面落漆白牆上寫著「休息站」，眾人心照不宣魚貫下車，除了伸展腰腿，就是人體廢物排放。「我不下車了！」經歷瓜州WC驚嚇的旅伴直覺凶多吉少，決心使出不去、不看、不聞的忍者龜息大法，倒是不信邪（或說嚇不怕）的我難得不發懶，快步跟上維族婦女腳步，循手寫的廁所指標一探，果然一廁還有一廁高！話說一群頭包華麗絲巾、穿著亮片魚尾裙、腳踩閃亮亮長筒馬靴的維族婦女，個個毫不遲疑跨站在無隔間、黑漆漆的一條溝茅廁，一面動作俐落穿脫華服、一面唧唧嘎嘎繼續聊天，神情輕鬆灑脫、態度從容不迫，沒有無謂的怕羞與怯髒。「佩服、佩服！」相較貴婦裝扮卻能屈能伸的老師，國民衣牛仔褲的台胞竟連這點耐受度都沒有，真是汗顏、汗顏！

## 旅社百態

抵達終點庫爾勒巴士站，已憋了近五小時的三人立即展開覓旅社行動，扛著沉重行囊走了數分鐘，身心俱疲使標準降得更低：「只求基本清潔，其餘都可妥協。」眼前的酒店自稱二星級，櫃臺寬敞但髒舊，兩名服務員雖不專業（熱中彼此聊天、把玩手機多過應對旅客），但有問就答、尚稱和善。「得留下您們的證件影本。」其中一人取走台胞證，並指引兩名旅伴去看房間。十五分過去，照顧大件行李的我與以溼拖把將大廳變成溜冰場的清潔阿姨大眼瞪小眼，遲遲不見影印小妹與伙伴歸來，頓時難免胡思亂想：「難道證件被盜？不會好友被綁？還是……」腦中迅速流竄各種「讓我們看下去」的社會案件。未幾，一名旅伴走出電梯，臉上盡是難言之隱的苦笑：「妳去看看便知。」馬桶老舊、水壓極小、磁磚破損、地毯水漬、菸灰滿地都算小事，唯獨床頭壁紙上的頭型黑印令人髮指——推估是無數住客靠坐時殘留的頭油經年累月堆疊所致。「這麼『胎哥』的旅社，在家鄉肯定是新聞台爭相報導的奇聞！」面對超乎想像的劣狀，再沒種也得硬著頭皮離開。胡亂編了含糊的理由，說完整套不合邏輯的台詞，去海角天邊影印的小妹這才喘吁吁歸來，「啥？不住啦！」拿回證件之外還附贈三張影本，說來還賺哩！事後想，貿然將證件交出的作法確實欠妥，若真的被盜後果不堪設想，所幸「假星星」環境髒污但人心純樸，得以幸運全身而退。

「外觀最正常的都這樣，其餘賓館真不敢想。」經過這番「無妄之驚」，即使再不願舟車勞頓，也勢必得轉移陣地，揮別人煙稍稀的汽車站。出發總有目標，站在快車道搏命打的（叫計程車）前，已下定入住昂貴酒店的決心。「巴州政府旁的金星大酒店。」明明分不清東南西北，卻在不想被坑的思路吐出兩個不知所以的地名，典型是裝內行的外行。獨棟矗立於市中心的星級酒店，占地廣闊、正門氣派，不枉費一個「大」字，櫃臺人員制服整潔、應對得宜，身旁的影印機效率極高，唰唰唰三張影本數秒熱騰騰出爐……「三人房一晚480人民幣！」對聽慣兩、三百甚至一百出頭價位的咱們，實屬天文數字的高級享受。懷抱窗明几淨的想像，沒想到才開門就破滅，地毯幾處散落大小不等的紙屑、灰塵隨摸隨有，「至少沒有自然形成的頭型壁畫。」退而求其次，有住有吃（含自助早餐）有正常（服務員受過相當訓練）已屬可貴。

## 我愛肉捲

旅伴眼中無肉不歡的栗子小姐，實際也是如此，別於絲路行中不時為無綠葉所苦（正確的說是沒有新鮮翠綠的青菜）的兩位「菜菜子」，熱愛各種肉與根莖類的我完全不受影響，除了「無胃消受」的辣油，幾乎餐餐「樂在肉中」。經年吃遍大江南北又自詡食神外甥女（阿姨是真正的食神），本以為養刁的味蕾難再取悅，未料一間開在庫爾勒、號稱來自北京的肉捲小鋪，竟然誘發驚為天人的讚嘆！三人坐在公園的長椅上分食兩捲，旅伴見我興高采烈叭叭叫，貼心讓出再咬兩口的權利，「看來妳是真的很愛。」她倆異口同聲，能令客氣客套的假惺惺粟毫不推託地爽快接受，肉捲魔力可見一斑！

人氣旺盛的老北京滷肉捲與香酥板栗餅

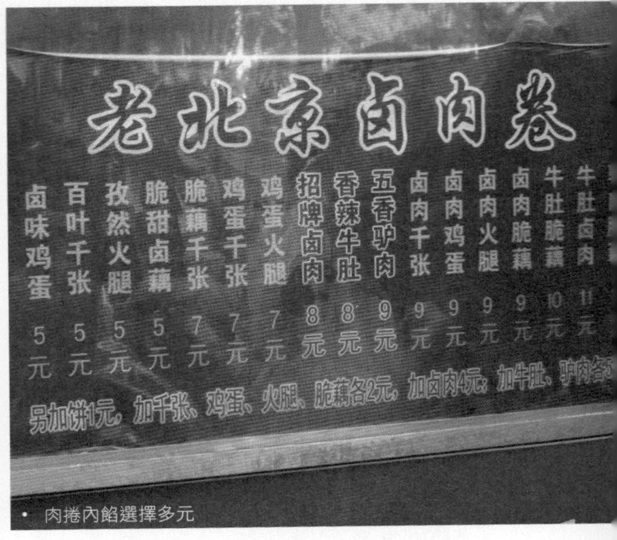

肉捲內餡選擇多元

名為「老北京滷肉捲」的店面，位在巴州政府旁、薩依巴格路（維語指花園）的商店街，與隔壁的「香酥板栗餅」同屬人氣旺盛的在地美味。眼見肉捲攤前的在地人潮越聚越多，遲遲未進入隊伍的外來台胞正為挑口味猶豫不決。「不如選店家主打的款式！」刪去小有芥蒂的驢肉（畢竟唱「小毛驢」長大，感覺如同要吃黃色小鴨般不忍），名列熱門榜前位、同為8人民幣的香辣牛肚與招牌滷肉雀屏中選。十餘分後，熱燙燙的現做肉捲到手，乍看外型並不特殊，有幾分像中式烤鴨捲餅，也與肯爺爺、麥叔叔的〇〇捲系列異曲同工。「不就是普通捲餅！」看貓沒點的喃喃，在入口剎那遭受五雷轟頂的震撼，「太～好～吃～啦～」腦海自動浮現舉絲巾在沙灘跑、穿華服在地上滾的電影橋段。看似隨買隨吃的肉捲，其實大有學問——包裹在外的餅皮Q彈有勁，咀嚼時可品出麵粉香。餡料包括主料、配菜、調料三個部分：首先，主料的滷肉軟嫩鹹香、牛肚麻辣夠味恰到好處，均和薄餅相得益彰；其次，使用西北地區少見的綠色生菜為輔，營造暌違多日的清脆水感；至於完美將餅、肉、菜融為一體的調味料，甜鹹適中又有幾分豆醬香氣，懷疑是以甜麵醬為基底的秘密武器。

舌燦蓮花形容至此，各位或許好奇讚不絕口的我，究竟光顧幾次？正解是：「嗚～Only one！」本計畫隔日搭火車前肯定要買幾捲解饞，卻鬼使神差地再沒經過。時間

• 俐落大鐳快速組合肉捲

• 要啥有啥、應有盡有的售票亭

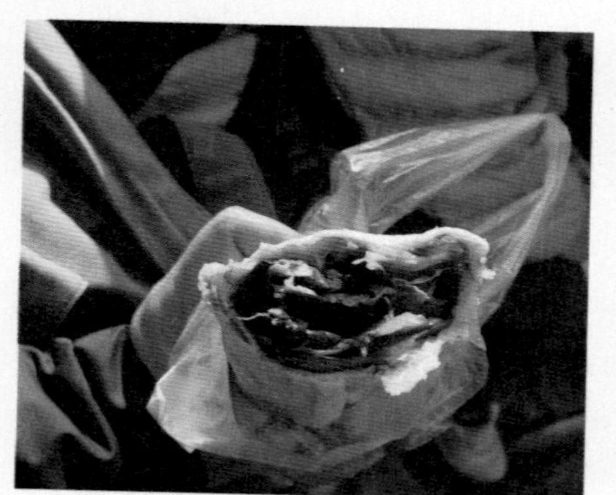

• 美味肉捲至今魂縈夢牽

• 名為「麥香勞」（麥當勞＋麥香雞）的歐風西餅店

分秒消逝，我甚至冒著迷路風險獨自在市區狂走，無奈按圖索驥依舊撲空，旅伴見風塵僕僕的「肉捲王」黑著臉、空手回，趕緊獻上誠摯慰問：「不然試試肯爺爺的○○捲！」「唉，不一樣就是不一樣。」堅持態度與「就要原本那個玩具」的任性小孩如出一轍，因為……人家只喜歡庫爾勒的老北京肉捲嘛！

對比很想淡忘卻印象深刻的奇景與奇聞，奇食確是我最想重溫的奇遇。「可惜暫時無緣再續。」旅伴對我的「遠距離戀愛」雖表同情，卻也懷有疑問：「是不錯，但有這麼讚嗎？」困惑表情彷彿她們吃得是另一款！人各有志，飲食更是個中明證，一如熱中純粹麵香、愛玉米成癡的旅伴一號與號稱最愛肥豬肉、擅長調各式沾醬的旅伴二號，以及出身台南，對酸甜、甜鹹等口味毫無抵抗力的我。

# 6-2 蘿蔔啥玩意

傍晚，旅伴致電給網友大推的熊師傅，本打算討論包車小遊事宜，未料都説普通話的雙方竟然徹底雞同鴨講。「他一直説蘿蔔什麼的，完全不懂！」一頭霧水的旅伴一掛電話，馬上陷入無法遏止的狂笑，對自己完全失靈的語言辨識能力感到不可思議。過程中，能言善道的熊師傅滔滔不絕地推銷熱門行程、分析利弊得失，絲毫沒發覺客戶根本有聽沒懂。「這下只有靠妳了！」被譽為「絲路行翻譯小天使」的我銜命出動，戒慎恐懼按下號碼、開啟擴音，才嘟兩聲，宏亮爽快的聲線、連珠炮式的對白飛快竄入耳朵：「希哩呼嚕、劈哩啪啦、呱啦呱啦 ……」「嘩！不是簡單角色！」我趕緊將專注力拉抬至最高等級，才勉強跟上節奏，反覆琢磨，終於明白旅伴口中的「蘿蔔啥玩意」其實是「羅布人村寨」！

「去羅布人村寨，包車費300人民幣，明天上午十點半旅社見！」確定地點、約好時間、談妥價錢，腦力大爆發的我不負眾望完成任務。還沒開口邀功，在旁見證談判全程的兩位旅伴已佩服到在床上打滾：「妳真不愧是『大陸人』，連這款都聽有！」我再度使出最擅長的家鄉音模仿秀，以熊師傅的語氣道：「翻譯小天使豈是浪得虛名？」

## 一見人就懂

到了約定時間，年約四十出頭的熊師傅已在門口徘徊，態度熱絡且迅速地將厚重行李塞入清潔空蕩的後車箱。別於多數灰塵僕僕、歷盡滄桑的同行，車輛明顯乾淨平穩，他得意道：「這可是剛買的新車，平常已不載客，聽您們是台灣來的，才難得出車哩。」熊師傅對自己在網路上的好評知之甚詳，已是車行老闆的他，笑言一切源自顧客至上的真誠：「您們來到庫爾勒旅遊，肯定要有風景有人文有特色，咱在這兒土生土長，最知道哪兒能見著最好的。推薦羅布人村寨，賺錢倒是其次，那兒規劃特好，原始胡楊林、塔克拉瑪干沙漠、塔里木河、草原、湖泊交錯，去過的人都稱讚吶！」熊師傅細數的貼心服務史的同時，旅伴驚訝的並非他知交滿天下的經歷，而是奇蹟般的「每句話都聽得懂」！

車行途中，熊師傅從庫爾勒近年飛躍式的進步聊到防堵綠洲沙漠化的人工滴灌技術（將水與養分以點滴方式準確輸送至植物根部），無論家常閒聊還是專業術語都能對答如流。「見面果然好得多！」雖然家鄉音依舊，但因所處情境相同（行經煉油廠就知他聊得是石油開發的話題、看到綠樹田園便明白滴灌是指乾旱區的特殊灌溉方式）、聲調手勢輔助，加上心理準備充足，造就毫無隔閡的熱烈對話。「主要是想看一整片金色的胡楊。」旅伴說出此行目的，將羅布人村寨捧上天的熊師傅信心滿滿接口：「肯定沒問題，那兒的胡楊林可壯觀，一整片金黃黃，之前還招待外國攝影團來這兒取景哩！」

## 陽春觀光寨

非常健談的熊師傅幾乎一刻不停地說南道北，車子卻是異常緩慢，眼見私家車、貨車甚至拖板車一一超越，不禁納悶：「不是說羅布人村寨挺遠，得趕路？」由高速路轉向煙塵漫天、搖晃顛簸的石子沙土路，時速再降到四十甚至以下，如此毫無緊湊感的搖了近兩個鐘頭，總算抵達門面陽春、遊人稀落的目的地。「以前車可以到門口，現在為了保護生態不能進。」揮別到樹下抽菸等待的熊師傅，購票後穿過塵埃頗重的紀

• 途中常見棉花田

• 包車師傅極力推薦的羅布人村寨

念品區，再等候由此開往園區的接駁車。與方才慢到嚇人的包車截然不同，接駁車一整個飆到驚人，熟門熟路的小哥自始至終都將油門踩到底，毫無遮蔽的車體在冷風沙石的雙重襲擊下不斷搖晃，嘶吼的引擎、嘎嘎作響的座椅，以及幾度險些飛走的圍巾和毛帽，用「小車快飛」形容一點也不為過！

「阿不旦之意羅布人定居的好地方。」村寨入口擺放多個不怎麼細緻的木雕裝飾，其中以木棍拼湊而成的「阿不旦」字樣下方寫著簡單翻譯。循指標參觀，陸續是羅布人的房屋、捕魚器具、複製岩畫等展品，此情此景，令我想起草創時期的九族文化村。或許因為步入淡季，民族風味餐廳與歌舞廣場不是暫時歇業就是杳無人煙，走過數個小吊橋、經過幾個小湖泊，繞完一圈，只見零星幾棵金黃色的胡楊，實在與熊師傅的描述差距甚遠。萬般無趣下，所幸有小毛驢與長毛狗在景區內悠哉溜達，為蕭瑟景致注入活潑生機。

「有沒有見到整片胡楊？有沒有爬沙山？有沒有騎駱駝？」見我們一路搖頭到尾，熊師傅笑中帶著幾分尷尬：「現在時間不大對……總有看到幾棵金胡楊吧！」返程時，他維持一貫的龜速，即使有意無意地拖延，仍在四點出頭就回到市區。坦白說，這段說長不長（兩地距離85公里）、說單純也真單純（車流、路況皆順暢）的包車，所費

• 偶爾還有綿羊過馬路

• 以木條與布條製成的民族風門面

• 整片金色胡楊林？啥，只有一棵

• 小孩兒在搗蛋？不不不，是在幫忙

• 儉樸村寨頗似二十年前的九族文化村

• 熱愛鍋碗瓢盆的三人組，又瞧上羅布人的舊茶壺

可謂不貲。更重要的是，擺明發觀光財卻又未妥善規劃的村寨，實在不若師傅口中這般值得一去。

「齁！妳真的很厲害，竟能和熊師傅講電話！」旅伴對我的「特異功能」念茲在茲，每每談起還是忍不住嘖嘖稱奇。「羅布人村寨可好，去羅布人村寨可好？」笑納恭維的我適時地露一手「熊師傅式普通話」，心有靈犀的三人立刻笑得東倒西歪，印象深刻的程度，確是當初為「蘿蔔啥玩意」摸不著頭腦時，意想不到的妙趣收穫。

## 6-3 軟臥的考驗

擁擠、可怖、混亂、無效率……幸運搶得「庫爾勒→喀什」的軟臥車票時，絕料不到從月台等候到搭上火車，將經歷一場「罄竹難書」的「繽紛夢魘」。「怎麼感覺比硬座還累！」徹夜難眠的我眼冒金星、頭髮亂翹，稱蒼白憔悴也不為過，同處在暈眩狀態的旅伴苦嘆：「本想利用搭夜車省時省錢，結果勞心勞神代價驚人！」回顧記憶中的大陸長途火車經驗，此行可謂最慌亂最疲憊最淒涼的一次，動線不清已屬小事，最可怕是人流如潮水般滔滔湧入，得時刻處在驚弓之鳥的備戰狀態。「維族人喜歡乘火車走親戚，總是說走就走。」耳聞不如眼見，正巧在伊斯蘭重要節日古爾邦節（宰牲節）前夕赴中亞歷史名城喀什的我們，就在庫爾勒車站遇見此生難得的震撼教育！

### 候車肉搏戰

庫爾勒車站的外觀與周邊延續市區清爽現代風格，令人壓根兒以為站內也是「表裡如一」的稀落景致。為免錯過班次，我們索性提早兩小時來此，先好整以暇地到附近水果攤採買一袋鮮甜細緻的庫爾勒香梨，再慢步至人煙甚稀的車站主體。一路順暢通過公安檢查與行李安檢，正高興此地不似他處人滿為患，越來越吵雜的對話聲使我暗暗感到不妙……

循指標往二樓候車大廳，才迴轉爬上樓梯，迎面而來是如演唱會散場般驚人非常的擠

・軟席候車廳沙發座、有電視，與硬座區天差地遠

爆場面——寬而長的樓梯站滿背包羅傘的旅客，視線上移，面積約兩個籃球場的普通候車廳已經塞得水洩不通，只需靜靜站著，就會被人潮推著向左向右。「目標軟席候車廳！」既持有貴鬆鬆的軟臥票，自不能放過享受軟席休息室的權利，三人呈縱隊隊形，搏命往遠在對角線的明亮隔間奔去。夾在旅伴間的我自詡是承先啟後的要角，瞬間腎上腺素大飆升，拖著小而重的黃色行李箱，毫不客氣撥開衝開所有阻攔，甚至一度和語氣凶惡的阿伯隔空對嗆：「妳擠啥擠！」、「我就擠你！」與平日溫良恭儉大相逕庭的衝冠怒火，連相識多年的旅伴也驚呼：「妳是肉體被盜？怎這樣帶種！」

・軟臥四人一房，中間附一小桌板

## 軟席保護區

別於擠進數百乘客、無法動彈的普通候車廳，位在二樓右側一隅的軟席候車廳由專人管制進出，座椅寬敞、窗明几淨，最重要的是，可以容納五、六十人的空間，裡面只零星待著不到十位幸運兒。一扇落地玻璃門，隔開兩個截然不同的世界，只要付出近四倍的票價，就能獲得空間暴發戶的舒適特權，不須忍耐無立錐之地的痛苦。然而，不過順口氣的時間，一位身著制服、頭戴盤帽的女性站務員語氣凌厲吩咐：「這兒要關了噢！你們出去等唄！」「可我們是……」話才出口，看到票面的她心領神會：「妳們三個跟我來！」這位動作俐落的阿姨自口袋掏出成串鑰匙，先將軟席候車廳鎖上、再打開剪票口閘門。「就坐在這兒等，一會兒人多，我可沒法照顧你們。車來，會先讓妳們上月台，就看我手勢。」說完，她轉身趕往他處，留下摸不著頭腦的「呆胞」。

・歷盡辛苦終於上車，來罐黃河啤酒慶祝一下！

話說我們被扔在一個十分奇異的位置，雖還在候車廳內，卻與所有乘客隔著一道矮閘門，身旁有兩個長鐵桌、幾個鐵板凳與一台冷熱飲水機，鐵桌上留有泡麵導致的髒污與油膩，有人試著翻越或推開閘門至此，立即遭站務員大聲喝斥。窄窄一條走道，一邊是引頸期盼的爆滿乘客、一邊是不苟言笑的嚴肅站務員，迥異立場使閘門猶如分隔南北韓的38度線，而我們就是陰錯陽差得到特別關照的保護動物?!

## 滾滾月台

儘管誤點已屬常態，但面對十分鐘拖過十分鐘的漫長等待，仍難免心浮氣躁：「怎遲這樣久！」、「到底啥時來？」與一群望眼欲穿的老弱婦孺隔閘相看，站務員還是一副公事公辦的一號表情。晚間八點，震耳欲聾的廣播不斷放送火車即將進站的消息，一度寧靜的候車廳因這個延遲近兩小時的「喜訊」再度陷入混亂，眾人紛紛扛上布袋背起包袱，爭先恐後就為盡快上車。對比一再宣布「即將開始剪票」的制式廣播，站務員持續以大聲公厲聲勸戒：「還沒開始剪票，別再往前擠了！」南轅北轍的宣導內容，完全展現站內「各司其職」的管理盲點。

「請抓緊時間盡快上車！」自展開剪票作業，便一刻不停猛力催促，我不禁埋怨：「自己遲這麼久，卻把乘客趕得要命。」不知是廣播奏效抑或愛搶先的天性作祟，人不分男女各個快馬加鞭，得到乘務員指令的我們也跟著卯足腳力上下樓梯。來到月台，不只有茫然尋找車廂的「新知」，也包括下車走動抽菸買零食的「舊雨」。穿梭重重人海奔走的當下，我苦中作樂地憶起林青霞、秦漢合演的《滾滾紅塵》（1990）末了，兩人被逃難人流沖散的淒美畫面。如此說來，在月台滾來滾去的栗子小姐，也稱得上是另類的滾滾紅塵？

## 從點滴做起

歷盡周折辛苦，好不容易上車的三人將行李整齊塞入床下後馬上失魂，直到乘務員前來換票（臥票特有情形，需將紙本車票換成塑膠票卡，下車前再換回，目的在便於適時通知乘客到站）才回神。「背包是布材質吧，不能放地上，要放到上面的行李櫃去！」見眼前女士不明就裡，她冷臉解釋：「這車燒煤，會有火星兒飄進來，掉到布上就會燒起來。」乍聽理由扯到驚人（試問車上的地毯不是布材質？窗簾不是布材質？），唯人在車廂裡，與其再辯徒增

• 小空間也可掛外套，一旁鐵踏板為上鋪乘客登床時踩踏用

• 軟臥可將門上鎖，安全性相對較高

氣憤，乾脆乖乖點頭照辦。隨著火車啟動，走道持續傳來乘務員踢哩蹚啦的腳步聲，「打熱水了噢。」無論乘客休息與否，一律高聲通知，眾人魚貫持熱水瓶去茶水間裝熱水，同包廂的返鄉小哥一把攬下工作：「現在不打，等會兒就沒了。」之後，除去睡眠時間，每兩小時就有一次打水通知，以她命令式的態度似乎不裝不行。

「清潔從點滴做起。」自從火車廣播聽到這句至理名言，旅伴一直念茲在茲，本想伺機吐嘈，沒想到意外發現這位乘務員真的都有做到！點滴一，她最愛以溼答答的拖把反覆擼有地毯的地板，或奮力站上桌板，用沒擰乾的抹布擦最高處的玻璃和窗框（倒是觸手可及的窗戶完全沒碰）。點滴二，拿同一支拖把清洗衛生間，並在進站前三十分鐘就將廁所上鎖（此舉主要是為避免乘客在列車停止時使用），沒人進得去，自然也不會弄太髒。點滴三，時常邊拿著大垃圾袋邊指揮乘客收拾桌面、清理垃圾，手腳慢或不徹底者都難逃挨罵命運……「真是從點滴做起，我都快打點滴！」凌晨兩點醒來想上廁所，數度被將「衛生間上鎖」的她白眼對待，忍無可忍之下，只得投奔隔壁硬臥車廂的衛生間。小歸小，還有灰撲撲的拖把杵在洗手台，但至少是對外開放的解放天堂。

• 走道設有折疊椅，可小坐欣賞沿途風景

雖說軟臥的硬體條件遠勝硬座，卻不定能獲得成正比的樂趣，對兩者皆嘗的我們而言，有百樣人可觀察的硬座確是解悶逗樂的「地獄裡的天堂」，至於看似享受高價服務的軟臥，卻得受乘務員的頤指氣使，似失寵妃子入住的冷宮般，何嘗不是「天堂裡的地獄」?!「驚過」一言難盡的軟臥洗禮，踏上此行最西端喀什的土地時，心中萌生難以形容的快活——原因倒非出乎意料地二度造訪（畢竟這兒不比北京、上海，卻先後與雙親、友人兩次光顧），而是終於從波瀾重重的「搭火車」中安全畢業，正式揮別或天堂或地獄的鐵道百態。

**掃描看影片**
火車沿途景致

10.21

# DAY 14

## 庫爾勒，和我想得不一樣

**行程** 吐魯番→庫爾勒、庫爾勒市區

**住宿** 金星大酒店

**日記** 上午10：30乘巴士前往庫爾勒，開車時間非常準點，乘客多為當地通勤者，以婦女居多，個個穿著光鮮亮麗，低調亮片魚尾裙、閃亮亮馬靴、華麗髮型髮式，竟然都可接受一條溝廁所，實在能屈能伸。金黃髮色令咱羨慕，她們倒喜歡全黑，真是人在福中！4點抵達庫爾勒，為巴州首府，與想像的農村小鎮截然不同，商業活動熱鬧蓬勃，有肯德基、台灣手抓餅、老北京捲餅、蒙古小肥羊等，目不暇給。旅社價高，其餘賓館衛生差（地毯污穢、床頭髒），難以接受，部分無星評鑑者，無法讓非中國旅客入住。之前未遇，推估是自治區之因。傍晚享用小肥羊，在蒙古族自治州吃蒙古小肥羊，道地！肉薄如蟬翼，茼蒿則為山茼蒿，白菜相形較貴，甜點奇特，疑似江米條冰心版。

## 旅遊資訊

**i 庫爾勒金星大酒店**

電話：0996-2613888

地址：庫爾勒市文化路6號（近巴州政府）

資訊：由兩張單人床搭配獨立房間雙人床所組成的四人房，沙發、書桌等設備齊全，堪稱豪華，環境衛生尚可接受。早晨供應中西式自助餐，品項豐富。

**$花費清單**

- 巴士267（吐魯番→庫爾勒@89*3）
- 計程車5（巴士站→旅館）
- 小肥羊火鍋120
- 老北京招牌魯肉捲餅8
- 香辣牛肚捲餅8
- 紅豆餡酥餅1.4
- 金星飯店480

---

- 小計889.4

10.22

# DAY 15

## 庫爾勒

**行程** 庫爾勒羅布人村寨、庫爾勒→喀什（火車軟臥）

**住宿** 火車軟臥

**日記** 人工滴灌技術，引自以色列，主要為防止沙漠化。庫爾勒自2006年起快速建設，房價3000一平方米，發展工業（石油），目前大量漢化。四點多結束包車行程，火車站附近無處可待，被送至天山北路上肯德基，惜與印象中酒店旁的不同，沒機會再吃第一名肉捲與酥香燙豆沙餅。熱騰騰出爐的烤饢店大排長龍，不若吐魯番隨處可見，無怪赴吐魯番進修的維族老師會買饢帶回。庫爾勒車站擁擠非常，站務人員無效率管理，導致人流無法疏解，全都擠在通道，十分可怖。乘車時一律大聲吼叫，眾人爭先恐後前擠，又是一陣亂。剪票上車猶如逃難，硬座擠滿維族人，據同車喀什小哥說法，維族人熱衷乘火車走親戚、愛熱鬧，總是說走就走。

## 旅遊資訊

**i 庫爾勒羅布人村寨**

門票：50人民幣

交通：包車來回300人民幣

資訊：羅布人村寨離市區約85公里，是沙漠、河流、湖泊與胡楊林的匯聚地，景色遺世獨立。相傳新疆最古老的民族羅布人，居住於塔里木河畔「結蘆為屋，捕魚為食」，房子多用紅柳條和蘆葦編成，清代徐松在於《西域水道記》寫道：「羅布人不食五穀，不牧牲畜，惟以小舟捕魚為食。」早年，女子嫁妝為一小海子（湖泊），新人日後可靠湖捕魚過活。隨著環境惡化，河流縮短、湖泊乾涸，羅布人已漸趨「陸地化」與遷移，舊村寨成為重新規劃的考古與旅遊園區。村寨內含天然胡楊木群與游移湖泊，南面為塔克拉瑪干沙漠，可乘駱駝遊覽。

### $花費清單

- 計程車包車300（庫爾勒→羅布人村）
- 羅布人村門票150（@50*3）
- 肯德基89
- 麥香勞西點蛋糕麵包14.2
- 超市購物16.2（碗麵+可樂+啤酒+橘子）
- 計程車8（市區→庫爾勒火車站）
- 庫爾勒梨3.5（4顆）

---

- 小計580.9

CHAPTER
07
喀什

# 7-1 嘩！踩紅線

絲路行雖稱不上苦，但絕對擔得起節約，所有消費力行算盤打得精、銀子撒在刀口上。對高CP值的追求，明顯體現在住宿，星級酒店無論華而實或不實，一律不列考慮，乾淨安全有口碑的連鎖商務旅館、青年旅社才是首選。每到一處，旅伴行前紅眼爆肝整合的網路資料寶典發揮極大作用，一路飽受庇佑的我們，多數時候都如願覓得十分便宜、相當便利與還算舒適的臨時窩。不僅如此，被兩人視為耐受度最低的我，也展現出乎意料的韌性，無論睡上下鋪還是與陌生人共用衛浴廁所，全部開朗笑納（當中自然也包括苦笑）……只是，一切顧全大局的忍辱負重，都在喀什被徹底擊碎。「真的沒辦法，完全踩到紅線！」儘管已繳款入住，我也拼命催眠自己認清現實，依舊頭殼摸著燒，旅伴見狀溫暖安慰：「妳以為我們就沒問題？」

## 盜亦有道

一夜漫長搖晃，抵達喀什車站已是正午時分，別於茫然徬徨的觀光客，當地人俐落扛起沉重非常的行李，直奔淹沒在人潮車陣間的公車站。由於穿著打扮的差異，我們一出站便被堆著制式笑臉的維族司機圍繞，「朋友，要到市區嗎？三十塊、三十塊。」

• 貨真價實的萬頭鑽動

• 艾提尕爾清真寺周邊是維族商業區

• 喀什穆斯林信仰中心——艾提尕爾清真寺

類老外的搭訕腔調，腦海立刻浮現吐魯番旅社門口、陰魂不散的買買提！「不過五公里，竟然獅子大開口！」不願被宰的當下，明碼實價的公車堪稱王道，好不容易擠到站牌旁，找到行經「艾提尕爾清真寺」的28路公車（火車站—艾提尕爾）。根據旅伴資料，預訂的「帕米爾青年旅社」就位在清真寺旁，一人一元直達目的，實屬一等一的最佳選擇。

才卸下背包，載著滿滿乘客28路剛巧現身，高喊幸運的我們本計畫待乘客下車後再排隊上車，未料情勢瞬間丕變……門一開，亟欲搶位的男女老幼使盡全力向上衝，到站的則搏命似地往下擠。經過一陣逃難般的混亂，公車再度滿至九分，不死心或趕時間的在門徹底關閉前仍繼續「見縫插人」，造就可比沙丁魚罐頭的塞爆盛況。「只可遠觀而不可搭乘焉！」連背包都還沒上肩，我們已目睹28路車來了又走，面對擁有超強戰鬥力的競爭者，自嘆弗如的台胞只能重回計程車懷抱，乖乖羊入虎口。

「到清真寺？二十塊錢。」靦腆大叔細聲開價，與動輒三十起跳的同行相比，已是難能可貴的盜亦有道。在身心俱疲、既渴又餓的情況下，無須為幾塊錢殺得你死我活，迅速以眼神達成共識，爽快表示OK。盜亦無道的痞子阿伯見同業生意到手，用維語低聲揶揄，相信台詞不外「這小子破壞行情」、「外地人不宰是傻子」一類，大叔聞言只是「回眸一苦笑」，撈多撈少見仁見智。「車開不進清真寺旁，只能停在這。」前後左右車流暢旺，為免阻擋交通，我們手腳並用跳下車，同一時間，司機將沉甸甸箱子、背包自後車廂飛快抬出，搶在公安驅趕前鳥獸散！

## 蹲不下去

使出吃奶氣力將行李抬上旅社所在的二樓，眼前一派悠哉緩慢，年輕男女穿著輕鬆，或蹲或坐、吃喝談天，洋溢青年旅社必備的「世界大同」氣氛。「接近古爾邦節，咱這兒視野好，房間幾乎住滿，先預定才有房呢！一個床位50元，妳們原本要四人包間，現在都住滿了，六人房（三個上下鋪、六個床位）可好？算妳們特價250。」辦理手續的鬍鬚小哥態度親切，聽到「特價」二字更令人心花朵朵開，撇開四變六的突兀（試想三人何需六床？）、租金略加的無奈（由四人房標價的200元升至六人房特價的250元），尚未檢視房間的三人，不假思索繳付數日費用。「和你一樣台灣來的，帶她

• 青年旅社整齊排列的房間內，有我無法承擔的憂患

們去房間吧。」二十出頭的同鄉已在喀什停留月餘，索性打工度假補貼盤纏。推開門，應該空蕩蕩的床鋪堆著兩個歷經風霜的背包，桌上放置一個鋼杯與一對牙刷，旁邊搭著兩條略帶溼氣的毛巾。「這是一對韓國情侶借放的，他們傍晚就會回來。」同鄉不以為意解釋，隨即遞上三套床單、枕頭被套後一溜煙離開。

環顧四周，小小空間內有三個油漆剝落的床架、幾分陳舊的床墊、凹凸缺損的木桌，尚可接受的略遜環境，在目睹衛浴設備的剎那，一棒將我打落谷底！半坪不到的浴室，內含一個蹲式馬桶與淋浴用的蓮蓬頭，磁磚接縫處卡著深色污垢，和室內至少30公分的段差，相對壓縮浴室高度，讓身高176的高個兒粟萌生「彎腰洗澡」的恐懼。「最重要的是……我蹲不下去！」除非肚痛不可堪，著實不擅以蹲廁大號，如果一兩天尚可忍耐，但此一住至少一週，想到這裡，不禁臉色發青，最終以蚊子聲吐出：「踩紅線、踩紅線。」「找別間吧！」深知粟子小姐客氣壓抑性情的旅伴立即進行退房手續，一片貼心令我感激涕零。

• 賓館大廳色調金碧輝煌，卻有種難以言喻的暮氣沉沉

## 情歸梁朝偉

背負「不能說的癮疾」，離開眾背包客趨之若鶩的青年旅社，展開無頭蒼蠅般的找房之旅。坦白說，清真寺旁固然選擇不少，但大多與期待中的窗明几淨、整齊清潔有段差距，對身心既疲又乏、體力耗盡的遊人而言，確是數一數二的悲慘一刻。穿過細窄擁擠的地下道，規模頗大、似是新開的「沙和歐熱達木賓館」（解放北路、歐爾達西克路交叉口）宛如救世主閃耀光芒，對旅伴非常過意不去的我，唯一堅持是有坐式馬桶，其餘別無所求。

• 憂鬱指數破表的維族梁朝偉

• 乾淨房間難能可貴

看似生意清淡的賓館，櫃臺後有一名纖細、蓄鬍、頭戴穆斯林小帽的中年男子，若有所思地托腮遠眺，憂鬱指數直逼梁朝偉，後來才知，此人是旅館的主事者合木內。「三人房？有的。」「多少錢？200元。」「看房間？可以的。」無論提出任何問題，他都會思索片刻後再以極慢轉速的普通話重複問句與簡短答覆。打開門，空間寬闊、有窗有景，三張床整整齊齊、床單潔白無塵，浴室抽水馬桶、淋浴花灑皆備，優秀條件更勝青年旅社。「台灣人可以嗎？」（新疆不少非星級的賓館不開放非中國籍人士入住）登記證件時我憂心地問，深怕再次流落街頭，始終托腮的合木內聞言微微皺眉，持原子筆的右手在紀錄簿上頓了頓，琢磨一分鐘後悠悠回：「可以的，有身份證嗎？」旅伴立馬遞上台胞證正、影本，他緩緩抄寫資料，最後將影印本收入抽屜，喃喃道：「退房時會還給妳們。」勞頓奔波半日，終於情歸維族梁朝偉，而與他對話的過程，就宛若王家衛電影現場版。「一樓有Wi-Fi，房間內沒有。」「到香妃墓搭10路車。」不論早晚，合木內總是靜靜地在大廳待命，對住客的疑難雜症有問必答，當然，得多花些時間等候他與他的「思考」。

• 房間內標示穆斯林祈禱的朝拜方向

「把蓮蓬頭轉下來，直接用水管沖！」絲路行旅社百百款，浴室尤其「千奇百怪」，有的排水孔流速特慢、有的冷熱水極難調控、有的馬桶沖水無力、有的室內積水難乾⋯⋯「沙和歐熱達木」的缺點是上述毛病樣樣有、樣樣不嚴重，除此之外，還多加一項蓮蓬頭漏水。旅伴左思右想，與其滴滴答答不痛快，倒不如水柱直衝、噴個過癮！停留喀什期間，儘管有憂鬱王子坐鎮，不專情的我們仍曾試著尋覓品質更佳的旅館，可惜不是價位過高（動輒六、七百人民幣）就是條件更差，總算找到合意的，又因只接受中國籍的旅客而作罷⋯⋯兜兜轉轉，還是維族梁朝偉最好！

# 7-2 不如來得巧

「看準時間來過古爾邦節吧？維族都趕著返鄉團圓，就像咱漢族的春節！」乘火車往喀什途中，同車廂健談小哥「不疑有他」的推測，其實全然估計錯誤，我們誠實以告：「真是誤打誤撞。」幾番協調的出發時間，從未將古爾邦節納入考量，更正確的說，是壓根兒沒想湊這觀光客趨之若鶩的熱鬧。儘管並非兼程前往，卻也樂得共襄盛舉，為節慶延長戰線的市集，盡是金光閃閃的鍋碗瓢盆、花樣繽紛的布匹頭巾以及目不暇給的亮晶晶首飾，跟著逛、跟著看、跟著買，恰恰印證「來得早、不如來得巧」！

意譯「宰牲節」的古爾邦節（又稱大節、哈芝節），時間為每年伊斯蘭曆12月10日（麥加朝聖過後），是伊斯蘭教的重要節日，用以紀念先知易卜拉欣（基督教譯為亞伯拉罕）忠實遵循真主安拉命令，欲將兒子易司馬儀（基督教譯為以實瑪利）殺死獻祭，安拉見他通過考驗，遂命天使送來黑羊替代。每逢此時，穆斯林都會穿新衣、屠宰牲口，將肉分送給窮苦者，讓所有穆斯林都能享用肉食。特別的是，古爾邦節舉行的時間並不固定——由於伊斯蘭曆為純陰曆（完全以月相為準，新月出現時就為每

• 古爾邦節點燃熊熊購物慾

月的第一日，十二個月為一年，不設閏月、年，而華人熟悉的「陰曆」則為陰陽曆，以置閏方式與陽曆調和），每隔2.7年就與陽曆相差一個月（19年即相差七個月），導致月份與季節沒有對應關係，春夏秋冬都可能遇上古爾邦節。「咱們真是幸運女孩兒！」旅館鄰近信仰中心——艾提尕爾清真寺，開窗可見絡繹不絕的朝聖群眾，出門就是人山人海的豐盛市集，確屬超乎預期的意外收穫。

• 節日重頭戲——艾提尕爾清真寺舉行的晨間禮拜

• 顧名思義，宰牲節就是要宰羊

• 小孩兒各個穿新衣、戴新帽

• 滑頭老闆半買半相送的金杯杯與銀盤盤

• 華麗食器令人眼花撩亂

• 不論有多忙，時間到了馬上就地朝拜

• 物超所值的細緻花草細嘴壺

• 巴基斯坦進口的典雅細嘴花瓶

• 欲望戰勝現實，超難帶瓷器買個過癮！

• 飽含伊斯蘭風情的銅製托盤

## 芝麻開門

來到清真寺對面的市集（解放北路沿線及其延伸巷弄），終於體會阿里巴巴喊完「芝麻開門」的震撼！店家、小攤販賣的餐具器皿、絲綢布料多如牛毛，款式或簡單或精緻、用色或樸素或輝煌，如果沒有行李超重、瓷器易碎的現實罣礙，三個女人裝滿一個貨櫃絕非天方夜譚。旅伴相中細嘴壺、搪瓷杯、生鐵桶、金色桌墊，我則看上繪有花草圖案的金色瓷壺、宛如皇室使用的華麗托盤與手工細膩的十字繡床組，彼此交換意見、相互鼓勵的代價，就是堆滿房間一側的失控成果。血拼途中，再度親身體驗維族擅做生意的特質，譬如：

• 堆成小山的堅果核桃攤

• 餅乾顏色誘人又大片

• 維族男士必戴的穆斯林小帽

• 李察吉爾擺攤中

• 維族過節時不可或缺的傳統食物——油炸饊子

• 絲巾物美價廉，成堆任人翻找

最初只想買五個金色玫瑰花瓣瓷杯的我們，被抵死不降價的滑頭老闆硬是再塞七個強迫特價購買，他對「帶不了」的堅拒充耳不聞，只是一個勁地當「散杯童子」；又譬如：在精品店挑選絲質披肩時，濃眉大眼的少東三句不離「百分之百純絲」，只要見顧客目光在哪件產品逗留，第一時間便將它披在對方身上，以真誠而肯定不真實的語氣讚：「很適合、很好看！」語畢再加碼稱：「就剩這一件！」如此雙管齊下的行銷術，試問哪位有血有肉的人類不動心？

除了陳列豐富的店面，占地為王的路邊攤同樣精彩非常，或站或蹲或坐地熱情叫賣，路人無不停下腳步挑選端詳。眾攤商中，堪稱「絲巾比價王」的兩位旅伴被數位維族婦女經營的「彎腰牌」深深吸引，每經過必駐足，與一票穿著亮麗的當地婆媽一同衝鋒陷陣。如山脈般綿延近三公尺、物美價廉的絲巾，成堆成堆任人翻找，擁擠陣仗可比百貨公司週年慶。正當所有人手眼並用、專心一意「海底撈絲」時，盤坐中央的年輕老闆娘咻地將一塊花絲巾從頭罩住全身，只隱約露出懷抱嬰兒的手。「嘩！神鬼不知餵奶術。」挑到失心瘋的客人將流露母愛光輝的女人團團圍住，確是極具電影感的人間奇景。十餘分後，神情渙散的旅伴手持戰利品「歷劫歸來」，對我所見的餵奶實況渾然不知，名符其實是「當局者迷」。

**掃描看影片**
巴扎叫賣實況

• 朝拜時，小吃攤難得杳無人煙

## 重頭快閃

古爾邦節前夕，維吾爾族為主的穆斯林陸續湧入喀什市區，他們不畏舟車勞頓、公車擠爆的通勤辛苦，就為趕赴艾提尕爾清真寺舉行的晨間禮拜。自耳聞將有十萬信眾湧來，旅社與其只有一路之隔的我們，早早備妥泡麵飲水，下定決心整日足不出戶。天濛濛亮，已有大批頭戴小帽的維族男性往清真寺移動，別於市集摩肩擦踵的混亂場面，現場雖人潮洶湧卻有條不紊，人人手持跪拜用地

• 一結束，立刻湧入覓食人潮

• 眾人跟隨寺方的廣播同步祈禱

毯，一組一組整齊列隊向前，每走幾步就在阿訇帶領下集體念經。不出三十分鐘，艾提尕爾清真寺前廣場已聚集數量可觀的穆斯林，他們清一色跪或伏在自備的地毯上，跟隨寺方的廣播統一祈禱，氣勢憾動人心！正當身為外人的「異教徒」，忙於在各樓層搜尋最佳拍攝角度時，一位手持相機的維族媽媽，邊記錄邊流淚，感動之情溢於言

• 整齊列隊向前、齊聲念經

**掃描看影片**
古爾邦節重頭戲

表；同一時間，幾位盛裝打扮的維族婦女則在旅社門口的人行道上虔誠膜拜，態度莊嚴肅穆……她們固然信仰堅定，卻礙於女性身分無法「名正言順」參與儀式，所幸「不得其門而入」的規範對當事人是宗教的戒律而非歧視，不論能否如男性一般親臨現場，更重要的是一片真摯誠意。

• 位於喀爾老城區的人文景區——高台民居

• 紅地毯、新門簾，維族人家處處洋溢新氣象

**掃描看影片**
高台民居過新年

「這麼快就結束？」前後僅一小時，古爾邦節的重頭戲竟在轉瞬間劃下句點——眾人迅速收拾地毯、向四面八方散去，毫不拖泥帶水的敏捷身手，就如兒時運動會大會舞退場般訓練有素。不一會兒，廣場再度恢復平日的優哉閒適，荷槍實彈的武警也陸續乘警備車離開，想像中會「風風火火鬧整天」的大節，竟與近年盛行的快閃族有幾分同工之妙？稍後才知，這群快步趕回家的維族男人，還有重要任務等著他們！

## 有肉同享

清真寺既已歸於平靜，我們也不需固守家園，當機立斷變更行程，前往喀爾老城區的人文景區「高台民居」。民居為一座建築在40公尺、長800公尺黃土高崖上的維吾爾族聚居區，已有600年歷史，多為木構泥土材質，家族每增加一代，就在祖輩的房屋上加蓋一層，造就房連房、樓連樓、四通八達、縱橫交錯、層層疊疊的獨特形式。由於正值節日，紀念品店與手作坊大多暫停營業，少數開門的則擠滿來自各省分的觀光客，東摸西看、高聲殺價，施展中國人隨時隨地「吵熱」現場的頂級才華。

高台民居不只是售票開放的觀光區，也是維族人生活幾代的家園，步行其間，不時可見穿著鮮豔華麗新衣的小孩，有的露出靦腆笑容、有的則是自顧自地與同伴遊戲。跟隨指標在迷宮般的民居中溜達，偶然遇到一間懸掛「手工製作銅器」招牌的店家，視線穿過只開一半的門，沒看到金亮細緻的銅器，反倒是出乎意料的血腥……「原來這就是男人們的任務！」一頭已宰殺的肥羊整隻吊掛在院子中央，一位中年男子手持銳利小刀將皮、肉與內臟細細分割，眼前真實上演莊子筆下「庖丁解牛」的寓言。「可以

• 宰牲節沒法「莫宰羊」

進來看看。」一旁協助的大嬸微笑邀請，畫面雖然難得，我卻沒勇氣入內一探，反鼓勵旅伴切莫放棄。「就是殺羊嘛。」她一言以蔽的簡要回答，實際包裹無數難以言傳的心靈震撼！

不似我這般孬種，對熱鬧與新奇一向興味濃厚的大陸遊客，凡見到院內有人聲，不分門是全開、半掩或留一個細縫，一律理直氣壯、登堂入室，坐實「全家就是我家」。曾行經一戶歡度古爾邦節的大家庭，數公尺外就聽到北京話的吆喝聲：「快來呀，這間有羊肉可吃、有酒可喝，主人可熱情了！」熱情的維族老夫婦來者不拒，開放家居供人拍照之餘，還提供新鮮烹調的維族美味，我不解他們何以自發接待絡繹不絕的「不速之客」？老太太言談間「有福同享、有肉同吃」的信念已是明證。

節慶前，市區處處可見脂肪肥厚（垂著兩陀肥肉的臀部尤其明顯）的綿羊，混合草料、羊屎的氣息直竄腦門，加上此起彼落的咩咩聲，彷彿進入大型畜牧場。跨越意為「宰牲」的古爾邦節，多數「牲」已成敬拜真主安拉的祭品，家家戶戶自宰自烹，血跡腥味在所難免。「真是名符其實的血流成河。」回望高台民居，離地數百公尺的土坡上掛著幾條鮮紅色的線條，來源正是剛剛魂歸天國的羊。

「你們可以吃那些牲畜的肉，並且應當用來款待困苦的和貧窮的人。」古爾邦節不單純是闔家團聚的節日，更具有遵循安拉旨意賑濟同胞的良善立意。為此犧牲的牲畜儘管無辜，但在人們懷抱感恩與珍惜的念頭下入肚，也可謂不枉此生。

# 7-3 夜市人生

「旅社旁白天為日用品巴扎，晚間搖身成小吃夜市，按照食物種類編排順序。最外側是炸魚塊，另一排多為水煮羊肉羊雜，再來是串串燙、羊肉乾麵，也有少許烤麵筋、水煎包……」、「晚間購買旅社門口小夜市攤子小食，香酸辣涼麵、烤雞半隻與一張饢、炸魚兩塊，水煮串串香、羊雜燙……」、「晚間再度買炸魚，有些許土腥味，伯伯認出我們昨日有買。乾麵換另一間，老闆不在，由其十二、三歲的兒子操刀……」、「晚餐同樣是旅社旁小夜市，今日嘗試生意非常好的涼皮王，門口意外無人排隊，但店內都是嗷嗷待哺的客人。另購買巷內烤雞，無饢仍要價25元，雞又小，不若吐魯番美味。」翻閱停留喀什期間的日記，驚訝地發現晚餐內容猶如「拷貝貼」！天天不離烤雞炸魚、涼麵涼皮，房間還有免費飄進的炭烤香，有看有吃有聞，真是住在夜市旁的最大特權。

這座供應各式維族小吃的巴扎，就位在全中國規模最大的「艾提尕爾清真寺」對面，時時人聲鼎沸、饞人如織。「組裝涼麵的小娃兒手腳多利索，真是虎父無犬子！」、「水煎包阿伯已經重複同樣動作五小時，這樣下去會爆肝！」、「擠石榴汁的小哥真厲害，裝瓶時一滴不漏！」、「鬍子叔經營的涼麵店生意超好，排隊人潮始終未散！」站在旅社窗口眺望，正下方就是一片閃爍燈海，大快朵頤的幸福饕客固然吃相過癮，神乎其技的快手老闆更令人目不轉睛。穆斯林匯聚朝聖的古爾邦節前晚，熱鬧繽紛猶如漢人除夕，各攤紛紛卯足全力，從傍晚營業至深宵，不間斷送上或炸或煮或烤的熱騰騰美食。經歷一夜馬拉松式戰鬥，仍有零星幾攤繼續冒著白煙，獨撐大局的阿伯已累得魂飛魄散，雙手還是沒停地揉麵擀皮包餡，剛出鍋的水煎包個個飽滿油亮，換來塞滿口袋的厚厚鈔票。為家庭賺食、為生活打拼，眼前火熱上演的，正是「巴扎王國」的夜市人生。

## 團結賺很大

夜市攤商篤信「物以類聚」，相同品項自動聚集一起，別於台灣同行為求突破重圍

• 日日享受喀什版夜市人生

**掃描看影片**
喀什夜市

而花招百出（如：雞排業者著墨於肉質口感、酥皮質地、調味粉料的研發，營造品牌的獨特性與建立死忠顧客群，裝潢更是霓虹燈、跑馬燈利用至極，深怕不夠醒目），此地老闆除了長相，其餘食材陳列、烹調手法、販售價格九成雷同，整排望過去，彷彿一張圖片連續複製貼上。堆滿食物的攤位沒有招牌、沒有菜單、沒有價目表，所幸品項單純、一目了然，只需使出一指神功就可輕鬆應對。

同類型小吃一連數間，忙碌煮食的老闆鮮少吆喝搶生意，顧客隨心挑選順眼店家，造就攤攤座無虛席的盛況。雨露

• 清煮雞肉質強韌、皮香Q

• 羊肉羊腸羊肺……現切羊雜羊味十足

• 經營涼麵攤，調味是關鍵

• 眾人對鍋而食、不亦樂乎！

均霑式的「共賺」，在販賣炸魚、煮羊雜一類作法單純、調味相似的攤位最為明顯，客人常是這間客滿就到那間，沒有「非卿不吃」的癡情。相形之下，牽涉到廚師手路、醬料配方的羊肉麵和涼皮，則常見某間排隊綿延、某間隨到隨買的差異。許多當地人捨棄即坐即吃的迅速，願意耗費十餘分甚至半小時就為一碗外觀差距無幾的涼皮，如此癡癡等待是否值得？在此整整混了一週的「貪吃三姝」很負責任地告訴您：「見仁見智。」坦白說，兩者確實存在高低——麵或粉皮有嚼勁或稍軟爛、調味恰到好處或偏鹹偏重、配料豐富或陽春、份量超值或略少，用心雖有多寡之分，但都保有一定水準。不過，也許對「排隊店」多了一份期待與催眠，非常容易人云亦云和受人影響的我，在終於嘗到每日爆滿的「涼皮王」時，忍不住一臉神聖、脫口而唱：「涼皮王、涼皮王，真的不一樣！」（請搭配北原山貓《長得不一樣》旋律）

• 魚塊現炸現食、鮮美非常

## 美味與腥味

本人無炸不歡的形象深植親朋好友心中，目睹一堆堆剛出鍋的炸魚，兩位旅伴異口同聲：「妳肯定要吃吧！」未料，總被她們一眼看穿的我難得高深莫測：「得考慮一下。」儘管香味誘人非常，卻對魚刺戒慎恐懼……得知理由如此「淺薄」，父親是漁夫、自幼懂魚吃魚的旅伴輕鬆化解：「這是草魚，肉嫩刺少，最適合小朋友啦！」此言一出，我立刻相中一盒甫離油海的金黃魚塊（內含3塊，售價15人民幣），視覺效果極佳的它，一撥開還冒出燒呼呼的白煙呢！

炸魚為夜市內的熱門款，幾乎占全部攤位的五分之一，攤檔擺設如出一轍——桌面放置兩個色彩鮮豔的白底舊時大鐵盤與木製砧板、鋒利剁刀，盤子一邊為已剖開洗淨但尚未切割的生草魚，另一邊是炸好的熟魚塊，滾燙油鍋就在老闆後方，待完成草魚分割、裹粉的動作，就可順勢將其投入油炸。雖稱作「塊」，大小其實不輸簡餐店的魚排，一般習慣以手直接捏取食用。外脆內嫩的魚塊卡滋卡滋下肚，台南出身的我腦海立即浮現家鄉名產土魠魚酥，兩者均是有大骨無小刺、炸後依然保持鮮嫩不乾澀的中型魚，不同點在於土魠魚酥入油鍋前需經過一段時間的醃漬，除了魚肉本身的鮮甜，還增添混合醬油、五香、胡椒粉的台式香氣。

• 水煎包老闆甩麵功夫了得

• 餡料有甜椒羊肉、韭菜雞蛋兩種

別於台灣炸攤三、四罐的調味粉可供選擇，這裡僅提供孜然、胡椒與鹽調製的新疆式王牌組合，特殊的鹹香風味與草魚十分合拍。只是，初入口直覺色香味兼備的魚塊，稍微放涼後卻隱約嗅到一絲淡水魚的土腥味與油炸品的臭油味，並且越發強烈，我一面哀嘆變質太快、一面埋頭解決，好不容易才拼完兩大塊。「妳又買！」完全沒學乖的粟子小姐，隔日竟然犯貳過，勢必得「有難同當」的旅伴不解何苦「自找腥受」？自知活罪難逃的我滿臉懊悔：「實在無法克制對油炸物的迷戀，請原諒我身為『油炸控』的宿命。」又過一日，炸魚再度登場，自知一錯再錯的我索性耍賴：「對！我是學不乖嘛！」已被迫連吃三天的旅伴無奈嘆：「咱們啥也沒說。」

## 獨門水煎包

盤據角落的水煎包攤總是格外擁擠，男女老幼乖乖等著包子由生變熟，才揭開鍋蓋，全數一掃而空，盛況不輸吐魯番的秒殺烤包子名店。熱門水煎包由坐鎮中央的壯碩老闆包辦製作流程，遊走攤位的圓潤老闆娘負責點餐、裝盤、找零等後續工作，一內一外、合作無間。個頭不小的煎包屬發麵皮，餡料有甜椒羊肉、韭菜雞蛋兩款，售價1人民幣。穿越重重人堆，穿著華麗的小妹妹心滿意足地端著滿滿一盤金黃煎包，抹上豔紅色的辣椒醬，一口半個爽快唰嘴，三兩下清潔溜溜。來到水土不同的喀什，難得「他鄉遇煎包」，雖然內餡不離西北最愛的羊肉和孜然，熟悉外型已足撫慰思鄉之情，加上棕髮碧眼的維族人各個狼吞虎嚥、津津有味，更加深我們的期待……

「其實，一般耶。」咀嚼著睽違多時的「類家鄉味」，感想卻是出乎意料的平淡——皮厚稍欠彈性、羊肉味濃而強

• 市場不時可見山一般的石榴堆

• 現擠現喝的小酒杯石榴汁

• 小娃兒逛夜市

韌，不難吃、也稱不上美味。如此「普通」水準為何會在臥虎藏龍的夜市一枝獨秀？「獨門」與「費工」應是煎包夫妻檔崛起的主因——放眼所有攤位，都是以油炸、燒烤、滷煮方式料理，大多工序簡單（把魚肉切塊去炸、將香菇木耳羊雜等穿串去燙、以羊內臟灌入糯米去滷），與他們相比，又揉又擀又包又煎的水煎包就顯得繁瑣而罕見了。

## 石榴汁緣

「到樓下買石榴汁，馬上回來。」拿著容量500C.C.的飲料空瓶，我直奔夜市旁的水果攤，目標並非吐魯番奶葡萄或產自哈密的哈密瓜，而是以華麗榨汁機手工壓製的新鮮石榴汁。「裝滿20塊。」維族小哥端詳瓶子後徐徐報價，見我點頭同意，就著手將大玻璃壺內的紅色液體緩緩注入寶特瓶中。由於空瓶輕、瓶口小，導致他必須更聚精會神地保持手穩與調整流速，全程如同疊骨牌般驚心動魄。「根本無法扭上蓋子！」不只我的瓶子，現場各種造型的玻璃容器全部滿到緊繃，徹底展現表面張力。路過大叔小心翼翼拿起杯子一飲而盡，無論是他的5人民幣一杯還是我的20人民幣一瓶，都可謂划算至極。

台灣少見的石榴，是絲路行最常見的水果之一，剝開硬殼後，果肉猶如紅色寶石，一粒一籽與釋迦相仿，滋味卻是恰恰相反的酸澀。實際上，紅通通的石榴從皮到籽整顆都可作藥用，果皮、樹根、花可止血止瀉；葉能搗敷跌打；外皮生津止渴；種子治療食慾不振、消化不良……療效不及備載。對石榴汁的偏好，源於數年前在烏魯木齊偶然嘗試，來自水果的正統酸香，打中我「酸溜溜」的口味，從此念念不忘，再入寶地，自然得喝個過癮！相較西安回民街內百分百不純的石榴汁（肯定添加糖與可能使用色素），現榨現賣的喀什小販絕對有資格撂下「不純砍頭」的狠話，熱中此道的我天天一瓶，不只自己猛灌，還逼迫旅伴「有福同享」，「很酸耶！」見我咕嚕咕嚕牛飲，她一臉不可思議，「怎會？既濃又順口。」說完眉頭卻很不爭氣地皺成一團，逞強不攻自破。

後話是，堅持「日日石榴汁」的粟子小姐，終於獲得意想不到的「湧泉以報」。回想那天，我一如往常請小哥將空瓶斟滿，他也一如過去灌到呈現表面張力，只是一時感到有些胃酸的我，並未像前幾天那般一飲而盡。當時心裡想，房間內雖無冰箱，但氣溫寒涼，不至於變質甚或腐敗。傍晚，毫無任何身心準備就大力扭開瓶蓋的我，先是聽到「ㄘ」一聲，緊接而來就是聲勢凶猛的鮮紅色噴泉，場面壯觀令人咋舌。「石榴汁發酵了！」事發十秒，飽受驚嚇的我逐漸回神，面對深色地毯上隱約可見的「血跡斑斑」，不免擔心遭旅館業者要求賠償，想當年就因為石榴顆粒染紅雪白床單，而被強索50元清潔費，真是名符其實的犯貳過！「沒事、沒事！看不大出來。」清理房間的維族小妹用腳踏了踏，反過來安慰「肇事者」，這才明白，沒那麼講究也有沒那麼講究的好處。

每晚攤商點亮燈火，蓄勢待發的我們便拿著自備容器（於喀什鍋碗瓢盆店購入的烤漆有耳珐瑯杯）雀躍出發。下電梯、出大門，一陣複雜而美妙的食物氣味直竄鼻息，唾液非常配合地在齒間奔流。「今晚要吃啥？」儘管衝鋒陷陣的結局不離烤雞、炸魚、饢、涼皮、乾麵、水煎包、串串燙，依舊日日樂在其中。「老闆們肯定在傳……有三個不知從哪來的奇怪女人，每天拿著大杯杯買吃買喝。」旅伴「杞人憂天」的幻想如果不假，還真造就一段無心插柳的夜市傳奇。

## 7-4 冰激凌的誘惑

行走喀什，肯定對「冰激凌」三字非常熟悉，市區處處可見販賣冰激凌的攤販、小店和餐廳。覺得讀音似曾相識？沒錯，它正是清涼聖品冰淇淋在中國的另一種讀（寫）法。維吾爾族對冰激凌的愛好不分四季，儘管造訪時已邁入深秋，每家店前仍可見川流不息的顧客，不分男女老少、人手一支，確是難以抗拒的甜蜜誘惑。

• 感覺更冰涼更刺激的「冰激凌」

• 冰淇淋＋涼粉＝女孩們的點心時間

喀什常見的冰激凌業者主要分為「大量生產」、「自產自銷」兩類，前者通常是設置在路邊的冰淇淋機，原料比例皆有固定規範，質地鬆泡、甜度較低，售價1至1.5人民幣之間；後者多為備有座位的小館或餐廳，老闆各有獨門秘訣或獨家配方，強調現做現賣，口感綿密、奶香濃郁，一份至少5人民幣起跳。其實，愛吃冰的維族早就發明簡易製造冰激凌的「佛爾瑪」——先將砂糖、雞蛋與鮮奶、水調合，把配料倒入機器的銅製內膽，再於外層木桶放入大量冰塊並灑鹽降溫，藉由木桶不斷轉動，使水料逐漸固化成細緻的冰。眾選擇中，維族人格外偏好奶油，不少變化都是以此為基礎，長年精進的成果，造就可與歐美知名品牌媲美的重乳香風味。

## 伯伯冰淇淋

遺傳粟媽「愛呷冰」的血統，我在喀什的日子幾乎一日不離冰激凌，最熱鬧的艾提尕爾清真寺周圍店家皆曾染指，各種冰涼穿腸過，最欣賞的還是位在旅社旁、名為「阿吾拉樂奶油冰淇淋」（解放北路與歐爾達希克路交叉口）的小店。有趣的是，別於全城有志一同、指鹿為馬的「冰激凌」，伯伯老闆難得力排眾議地「流俗」，清一色將產品寫作〇〇冰淇淋。作為冰激凌專賣店，「阿吾拉樂」可謂有模有樣，奶油、雜燴、瑪麗娜、巧克力、黑加侖、櫻桃、草莓、核桃、巴達木（乾果類）、芒果、特色等等，洋洋灑灑，滿足消費者求變的慣性。店內沒有青春洋溢的美眉店員，從點餐、製作、端盤到收拾，都由頭髮花白的伯伯一人負責，無論客人多少，他均按照自己的步調行動，慢條斯理、忙中有序。

數分鐘後，有著小小點綴的冰淇淋上桌，盛裝的花瓣狀玻璃器皿頗具舊時氣氛，喚起兒童粟在咖啡廳享用聖代的美好

**阿吾拉乐奶油冰淇淋** AVRAL

| | | |
|---|---|---|
| 奶油冰淇淋 6.00 | 巧克力冰淇淋 8.00 | 樱桃冰水 5.00 |
| 杂烩冰淇淋 6.00 | 意大利巧克力冰淇淋 15.00 | 黑加仑冰水 5.00 |
| 马丽娜冰淇淋 8.00 | 特色冰淇淋 12.00 | 马丽娜冰水 5.00 |
| 黑加仑冰淇淋 8.00 | 核桃冰淇淋 8.00 | 巧克力冰水 5.00 |
| 樱桃冰淇淋 8.00 | 巴达木冰淇淋 8.00 | 酸梅冰水 5.00 |
| 草莓冰淇淋 8.00 | 芒果冰淇淋 8.00 | 冰水 3.00 |

• 菜單有中、維文兩種版本

• 伯伯牌果醬大罐ㄟ卡俗！

記憶。招牌的奶油口味十分滑順，濃甜之餘還蘊含如偉特糖般的焦糖煉乳餘韻；核桃口味質地類似冰沙，還可咬到打碎的新鮮果粒，整體較奶油系列清新清爽。隔日，對「特色冰淇淋」非常在意的我，慫恿旅伴二度光顧，不一會兒，伯伯舉著尺寸明顯放大的玻璃杯登場，「原來『特色』就是包括五球暢銷口味的頂級軍團！」一口氣品嘗混合芒果、覆盆子、巧克力、核桃、奶油的百分百濃純香。

## 果醬沒法度

密集向伯伯報到，癡心引起他的好奇，在招呼客人的空檔，以不甚輪轉的普通話間歇性地閒聊。伯伯很重視商譽，由材料到製程不假旁人之手，「那也是我做的！」他指著淋在冰淇淋上的櫻桃醬，不巧旅伴與我對此恰有小「微詞」——真材實料的果醬與真材實料的冰淇淋堆疊一起非但沒有加乘效果，反而導致甜度太高、滋味相互抵銷，實在可惜。不過，這番因人而異的見解並不影響對果醬的好評，見我們點頭如搗蒜，伯伯趁勢推銷放在門口、整齊排列的瓶裝版，只見他一手一罐沉甸甸：「大的30、小的20，可便宜了。」

• 看見冰激凌機，就有冰激凌吔

「俗又大碗，但實在沒法度！」旅途中總是縱容自己衝動購物的我，在厚重不耐壓的玻璃罐前，不得不恢復理智。「恭喜妳，逃過一劫。」成功克制果醬欲的旅伴和我，大大鬆一口氣，畢竟還得「自買自扛」數千公里，如此甜蜜負擔何其沉重？

「想不想吃冰激凌？」回到台灣，旅伴一直對發音趣味的三字念茲在茲，時刻找時機活用，每每聽她吐出「冰激凌」，甲意這味的我腦中自動播放喀什點滴。儘管維族人對冰激凌的喜好依然，近年使用「佛爾瑪」製作的傳統店家已越發少見，取而代之的是便捷迅速、技術門檻低的全自動機器。「口感特別香醇，奶味十足，有一點冰沙的質感，顏色是誘人的奶黃色。」網友的兒時回憶與我的喀什見聞在冰激凌項目上奇蹟重疊，祝福料實在、不摻假的消暑古早味能跨越速食與低價的挑戰，使這份維族舌尖上的甜味，得以繼續幸福傳承。

• 來個迷你版解解饞！

• 不分男女老幼，都對冰激凌愛不釋手

• 伯伯冰淇淋真材實料、香濃綿密

・鼎鼎大名的香妃長眠於此

## 7-5 我真無良心

停留喀什數日，逐漸習慣日出而逛、日落而息的悠哉生活，儘管心靈壓力釋放不少，疲憊的身軀卻在不知不覺間閃紅燈。延續數年前遊新疆的痛苦回憶，我的咳嗽鼻塞再度發作，過敏時好時壞，天天都得包數十個餛飩，一度大鬧衛生紙荒；旅伴一號偶爾為胃疾所苦，絞痛時食不下嚥、臉色慘白，得躺在旅社調養；至於號稱「別的優點沒有，至少身強體壯」的旅伴二號，確如她所說腸胃強健、配合度高，對首次接觸乾燥大陸氣候的亞熱帶居民而言，卓越的適應力令人折服。不過……路遙知馬力，在我們計畫前往喀拉庫勒湖的前晚，她經歷了人生前幾名慘烈的戰役，高頻率的吐與拉使人整夜難眠，氣若游絲的旅伴自我解嘲：「簡直跟湧泉一樣！」

• 宰羊畫面壞了三人的羊胃口

• 街邊、市集都是等著被交易的羊咩咩

預計出發的凌晨，見友人虛弱非常，當機立斷取消外遊，致電通知包車師傅，不忍失去生意的他懷抱一絲希望：「有種中藥很有效，可以幫你們帶著，如果忍不住，路邊隨時可以解決。」不願拖累行程的病中旅伴勉力起身：「這麼難得來，我沒問題沒問題……」話才出口，就是直奔浴室「挫屎」的慘況。「逛市區也不錯。」相對健康的我們異口同聲，住在艾提尕爾清真寺對面，周邊盡是值得徒步漫遊的小巷，豐沛精彩的人文景致不輸壯闊雄偉的自然景觀。

「妳們真無良心。」一日過去，本懷抱濃濃歉意的旅伴，半開玩笑說出讓我倒退八步的嚴厲指控，不待被告辯護，只能吃白麵包喝熱水的她，幽幽指著一堆裝著烤雞、炸魚、水煎包、涼拌粉皮的塑膠袋開口：「妳們從早到晚一直吃、一直吃！雖然閃我很遠，但未免也太香了吧！」

• 市區內光亮新穎的美式快餐店

• 喀什路名多具民族特色

• 新疆風味方便麵

## 壓垮腸胃的蛋塔

回想旅伴二號病倒前一日，正是穆斯林視為過年的古爾邦節（宰牲節）。那天，鬆懈多時的我們難得上緊發條，走非常多的路、轉好幾趟的車、前往數個景點，東南西北，足跡踏遍市區。禍不單行的是，身體極度疲憊時，心靈也遭受重創——路上隨處可見被宰羊的皮毛與污漬，糞便混合血腥的氣味濃重異常，腦中自動重播節慶前占據大街小巷的活羊，以及牠們即將任人宰割的淡漠神情與咩咩叫聲，如此由生到死的真實「見聞」，讓三人同聲一氣：「不想再吃羊！」於是，我們將目光轉向裝潢新穎、廁所乾淨、雞肉為主的速食店，一間位在艾格孜艾日克路旁、暱稱為「喀什肯德基」的當地連鎖雀屏中選。

店家的菜單、廣告都使用維文，服務員均為維族，環顧四週，有種置身中亞某國的錯覺。由於定價明顯偏高（情況類似麥當勞三十年前剛入台灣時，是考前幾名才有的昂貴獎賞），導致生意清淡，即使正值午餐時間也不過兩桌客人。「可以參考三人套餐。」循店員手指方向一看，我喃喃念著：「兩個漢堡、兩隻炸雞腿、三個雞翅、一個小腿、三杯可樂、兩個蛋塔，72人民幣。」儘管同價位可購入72個水煎包或48個烤包子或7碗曲曲兒或……但此刻需要的不是買了就走的在地美食，而是能喘氣歇腿的「人間天堂」。美式餐點裝滿整個托盤，過分過癮程度就像回到肆無忌憚的青少女時光。

「炸雞已炸好太久，皮軟而不脆；漢堡肉排有鹹，麵包有乾；像牛蒡一樣硬的薯條枯萎地好似被抽去靈魂，難道是昨天的剩貨？拍呷！」一陣秋風掃落葉，食物紛紛下肚，我搞笑模仿挑三揀四的刁嘴評論家，把明明可以入口的中等水平，嫌得沒一處好。套餐吃到尾聲，就剩一些薯條與

• 小蒸籠新鮮出爐

• 大肉包子，光聽名字就過癮

• 燒賣油香味濃，與肉包各有千秋

一個葡式蛋塔。見無人開口認食，一向珍惜資源、絕不浪費的旅伴二號便如榨汁機般將薯條連串放入嘴中，飽到極致的她，最後還是將冷吱吱的甜點打包。晚餐時間，已經徹底失去形狀與風味的蛋塔，剝來撕去仍剩大半，負責任的她概括承擔：「我吃！」相較還能入口的塔芯，酥皮只剩油膩軟韌，只見她越嚼面色越沉重，一番努力才吞下肚。

## 食物絕緣體

吃完最後一口「油湯湯」蛋塔，旅伴二號長年來鮮少鬧脾氣的腸胃突然爆走，從深夜一路翻騰到清晨，吐吐拉拉頻繁交替。隔日上午，她一反平日紅光滿面、聲若洪鐘的健康形象，面容憔悴、臉色泛白地半臥在床，氣若游絲自責：「去不成什麼喀拉湖，實在抱歉吶！妳們安心去逛，我會照顧自己。」為尋找可供病中旅伴飲用的稀粥，我們步行至旅社兩公里外、漢族（四川人）聚居的人民西路、解放南路一帶，不只在快收攤的早市覓得翠綠蔬菜，更找到聚集於巷弄內兼營早餐生意的川菜館。大肉包子（大肉指的是豬肉，因穆斯林不只禁吃豬肉，連「豬」字也不能講，便改稱其為大肉）、肉夾饃、醪醩、糊糊、刷醬蛋餅……久違的漢餐使受夠羊味的咱們感動莫名，尤其是豬肉內餡的白胖包子，豈有錯過的道理！「還要一碗稀飯。」「有咧！」老闆娘迅速將滾燙的紅豆糯米粥舀進我們自備的保溫瓶內，稠稠一勺固然划算，但對吃啥吐啥的旅伴而言，更需要漂浮在上的清清米湯。

拎著常人吃的大肉包子（一籠7個4人民幣）、馬鈴薯醬菜蛋餅（4人民幣）與給患者補充體力的清粥和運動飲料，回到旅社，胃口盡失的旅伴二號勉強喝了幾口毫無滋味的米湯後，緩緩問：「是豬肉餡的包子？還有買什麼？好香呀。」「我已躲這樣遠，妳還聞得到！」坐在最遠對角線、背對著她的我張開油油的嘴答：「肉包子小小的，一般般、一般般；刷醬蛋餅的醬菜與調味都很鹹，普普通通、普普通通。」吃香喝辣的罪惡感，造就這番「抹黑」評論。「嗚嗚！」熱愛肉包與蛋餅的她仰天長嘯，真是非不吃也是不能也。

## 茶店奇遇

午後，揮別病懨懨的旅伴二號，前往網友非常推薦、位於色滿路（鄰近尊茂其尼瓦客

• 門面低調、口碑如潮的阿提古麗茶店

• 調味濃烈的馬鈴薯醬菜蛋餅

• 茶店最佳組合——奶茶配薄餅

酒店）的「阿提古麗茶店」。與想像的咖啡廳式裝潢不同，「阿提古麗」完全走隨性自在路線，約十個高矮不一的座位，有的椅子、有的板凳、有的沙發，鋪著陳舊桌巾的家具款式各異，桌面擺著使用過還來不及收拾的杯盤。茶店由老闆娘獨立經營，忙得團團轉的她臉色紅潤、雙手麵粉，一會兒煮奶茶、一會兒烤薄餅，小小廚房堆滿茶壺與平底鍋。店內多為定居喀什巴基斯坦裔居民，別於日日光臨、熟門熟路的熟客，兩個外地人一臉無助，「要什麼？」好不容易與她四目相交，才有了「打聽有啥可吃、決定想要吃啥」的機會。

不到十分鐘，熱燙燙的奶茶與現擀現烙的薄餅登場，前者飲來類似香港絲襪奶茶，奶味順喉、茶香濃郁；薄餅則是外薄脆、內Q彈，口感與荷葉餅有幾分雷同，最喜純粹麵香的旅伴一號無視腹中還未消化的午餐，毫不猶豫加點一張。吃喝最過癮的當下，分別蓄著小鬍子與落腮鬍的巴基斯坦男性，姿態靦腆地擠進我們對面的沙發椅，兩人以小到近乎脣語的聲量交談，互動有一搭沒一搭，「天然愁」的憂鬱氣質在奶茶上桌時達到高峰——只見鬍子男緩緩伸出纖纖玉指，輕輕舀起尖尖一瓢糖，慢慢倒入杯中，然後一瓢一瓢又一瓢再一瓢……「未免喝太甜！」如此反覆單一且「看似沒有弦外之音又應該可以悟出一番深意」的拼命加糖動作，彷彿王家衛電影在眼前上演。

「茶店很棒，茶好喝、餅好讚、人好妙！」耳聞「阿提古麗」種種事蹟，臥病在床的旅伴二號先是羨慕，再是遺憾，最後是令人不知如何安慰的怨懟……「我知道餅很好吃、奶茶很好喝，是說夠了沒?!」故作輕鬆的白眼與玩笑，其實是發自內心的怒吼。時至今日，只要逮到機會，還是會在她面前、遙望遠方讚嘆：「阿提古麗的餅餅真是獨一無二！」

一日過去，底子頗佳的旅伴二號已恢復五成元氣，為求早日康復，暫時只能以無刺激、好消化的簡單食物果腹。反觀能吃能喝的旅伴一號與我，則一如往常到旅社旁的小夜市「打獵」，一如往常買回半隻烤雞、一個饢、幾塊現炸魚與一大份混合花生粉、辣椒油、醋等數種辛香料的麻辣涼皮。雖然躲得遠遠也打開窗戶，但濃厚複雜的香味還在整個房間流竄，她發揮好鼻師的天賦一一點名：「妳們又買烤雞？涼皮聞起來酸香夠勁！吃得真『澎湃』！」每猜必中的好心情在炸魚現身的瞬間被打碎：「油膩膩的味道，讓我想起昨日的最後一口蛋塔，噁啊……」「往事不要再提，夜市很多炸魚⋯⋯」我邊大快朵頤邊唱懷舊老歌，自以為展現張帝上身的幽默，現在回想，真是一點良心都沒有！

## 7-6 麥擱打我腳底板

在喀什埋鍋造飯、毫無節制的結果，就是總量暴增雙倍的行囊，注視著堆滿牆邊的戰利品，自作自受的我不禁傻了：「這些都得帶回家！」經過整日打包，穿不到的衣襪、衛生紙、報紙、塑膠袋全都用上，好不容易將所有易碎會凹的鍋碗瓢盆，全數擠進快要開口笑的背包與即將裂開的皮箱，但高興不過一晚，隔天就得面對更艱鉅的移動考驗。由西安至喀什一律採取陸路運輸，我們遍嘗唐僧苦行般的艱辛後，返程時則變身孫悟空，一路乘「現代筋斗雲」騰雲駕霧，空運的第一棒，就是搭國內航班前往烏魯木齊。然而，倒吃甘蔗的愉悅，迅速被肩扛手提的負重行軍消磨殆盡，無奈老天爺又在此時大開玩笑，並且好戲連台地一個接一個——突如其來遭丟包、莫名其妙打腳底、什麼玩意貴咖啡、百分之百遇誤點。「一整個不爽！」喝著機場內要價58人民幣的超貴卡布奇諾，罕見地豁出去放聲抱怨，肆無忌憚體驗潑婦罵街的痛快！

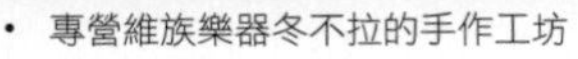

• 專營維族樂器冬不拉的手作工坊

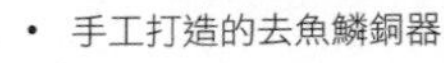

• 手工打造的去魚鱗銅器

• 手繪維族風情的皮製鈴鼓

• 民族風特殊造型，即使不會彈也想買一把！

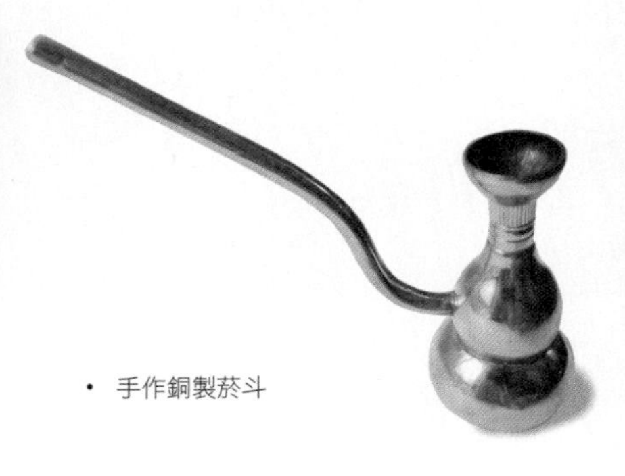

• 手作銅製菸斗

• 銅器皿鋪亮光閃閃

‧ 人民廣場是愛國教育的重要基地

## 被坑或被丟

為免遭欺生坑殺，出發前向旅社掌櫃詢問包車至機場的公定價，只見這位終日神情憂鬱的維族梁朝偉，以永恆的單手托腮姿態慵懶答：「15塊錢吧。」不到百元台幣的小奢侈，對累贅纏身的我們，確是最省時省力的首選。只是，市區計程車本就難攔（許多時候甚至得用搶的），加上師傅各個恃寵而驕，塞車不去、遠的不去甚至不順路也不去，在慢車道誇張揮手十分鐘，才終於有車打燈靠近。「到機場，三個人，30元。」維族小哥宰人臉不紅氣不喘，擺明趁人之危，更妙的是，裡頭還有兩個置身事外的乘客。「價錢太高了，而且坐不下呀！」再擠三人或許不成問題，但數個重達十餘公斤的行李難道堆到車頂？他聞言訕訕：「就這個價，不要就算。」十秒內不見回音，便快踩油門絕塵而去。姑且不論能否接受一倍差價，哪怕願意當冤大頭，也完全遇不到空車。

萬念俱灰之際，身旁的公車站帶來奇蹟般的喜訊，「2號線的終點站就是飛機場！」話才出口，寫著2字樣的公交隨即搖搖晃晃駛來，如此柳暗花明的巧合，堪稱絲路行最幸運一刻！儘管階梯窄長、乘客擁擠，腎上激素大爆發的三人仍拼出最後氣力衝

• 喀什機場大廳設有舒適但永遠滿座的按摩椅

上車，心想：「這下總沒問題！」殊不知，事情不是像「呆胞」想得那麼簡單……引擎頻頻發出嘶吼聲的公交車徐徐慢行，周邊景致從商店林立轉變為杳無人煙，空位也從無到有。正當咱們才順口氣、歇下腿，司機卻無預警地在鳥不下蛋的地方停車，同時作勢趕所剩不多的乘客離開。還搞不清楚狀況，認命的維族老幼已如綿羊般奔向另一台塞得滿滿、門快關不起來（不知是刻意接駁抑或剛好經過）的同路線公車，我們人欠戰鬥力加上包袱一堆，只得眼睜睜看著車子消失在地平線。

• 英吉沙小刀美觀銳利

一陣混亂後，這才發現公營巴士公然丟包的原因，其實是最簡單不過的「加油」。多年前，粟家在延安乘小巴時也曾遇到類似狀況，車掌以安全為由（按大陸消防規範，客車進站加油前，乘客需先下車），要求所有人到站外等候。與此次的不同點在於，小巴吃飽後有依約載客繼續路程，反觀公交則毫不留情的置人於荒郊野外！「走不到機場也攔不到車。」進退維谷的困境，還是被下一台2號解救。「付車資、付車資！」維族司機頻頻回頭催促，本試圖據理力爭「車資已付」，但在他不斷魔音傳腦下決定自認倒楣，再度投下3人民幣的當下，只能阿Q式的自我安慰：「怎樣都比搭計程車坑得少。」

## 驚！毆打腳底板

中國各自治區內的機場安檢常較一般省市森嚴，不僅有公安武警戒備，對托運與隨身行李的檢查更是嚴密，旅客隨時得有開箱被翻甚至遭到沒收的心理準備（即使交付托運，刀械也不定能順利登機，以新疆民族工藝品英吉沙小刀為例，就有尺寸與數量的限制，建議買小型的幾把就好，以免被刁難）。雖然早有「任人宰割」的覺悟，但真正踏入安檢門的剎那，內心依然不由自主浮現莫名的恐懼感，一如明明沒做壞事，看見警察卻會心虛緊張?!

過安檢門前，熟門熟路的常客不待公安指示，先自動將外套、背心、圍巾、皮帶一一除去，快輪到時，再乖乖脫下鞋子，放入安檢單位提供的塑膠盒內。初來乍到的三人依樣畫葫蘆，俐落照表操課，總能「無嗶」通過安檢門的我，也如預期順利通關。本以為頭過身就過，沒想到好戲在後頭……「啪！啪！啪！」前方持續傳來清脆響亮的拍打聲，來不及探聽虛實，眼前已是手持長形薄片的嚴肅女公安。「腳抬起來！」「什麼？」見生面孔不明就裡，她耐著性子大聲重複。就在我聽懂也照做的下一刻，以迅雷不及掩耳之勢，使用巧勁輕而全面地抽打腳底板。出乎意料的突兀行動，應是與手法日新月異、成員神出鬼沒的恐怖攻擊有關，儘管一切犧牲不便都為安全，但被「啪」的瞬間仍不免受驚。後話是，在烏魯木齊機場接受檢查時，我非常主動地輪流抬起雙腳供公安毆打，人的學習能力果然不容小覷。

## 無菜單宰你

經歷幾番波折，總算來到空曠清爽的候機室，身心俱疲的粟子小姐決定揮霍一下，走進名為「藍山」的半開放式咖啡廳，喝杯提神醒腦的熱美式。三人坐進沙發區好一會兒，服務員才一臉倦容走來，劈頭就問：「您要點啥？」本想欣賞菜單，未料答案卻是「沒有」：「咱這兒就幾樣，我給您介紹，有奶茶、卡布奇諾，也有功夫茶，喝完可以再加熱水。吃的有牛肉麵呀什麼的。」好奇追問奶茶口味，她思索片刻回：「有點兒芋頭味兒吧。」雖稱不上一問三不知，但確有幾分魂魄飄離的漫不經心。

「蝦米！熱奶茶要價48元人民幣，卡布竟然還多十元！趁還沒鑄成大錯，快走！」精打細算的旅伴臉色漲紅、表情猙獰，萬萬無法接受這幾乎盜亦無道的定價。見她這般義憤難平，我卻胳臂往外彎地當起說客，從先點一杯嘗鮮、這裡位子比較舒適再無限上綱至面子問題——服務員會認為台灣人連這都付不起……不知是哪個理由發揮效用，又或者是顧念雙方多年情誼，旅伴勉為其難作陪，一償我凡見到機場餐廳就想光顧的宿願。

• 堅果塔十分講究

• 所幸有窗外景致安慰飢餓心靈

## 開水與白麵包

「旅客們請注意，我們抱歉地通知您，開往烏魯木齊的班機將延遲起飛，正確起飛時間將再通知。」廣播僵硬地宣布無可奈何的事實，已近客滿的候機室有志一同發出嘆息，印證榮登世界誤點冠軍的中國航班絕非浪得虛名！下一秒，原本準備到登機門前卡位的急性子乘客，靜靜回到座位，有的斜躺著小憩，有的直接撕開旅行必備的「康師傅」

**掃描看影片**
飛越高原

• 消毒餐具都以塑膠密封

• 旅伴一號讚不絕口卻只喝到一次的特酸酸奶

• 拌麵醬料酸甜、麵條Q彈，一吃難忘！

• 三人印象深刻的喀什豪華餐廳

（無論搭乘任何公共運輸工具，必見泡泡麵場景，而且十有八九是紅色包裝的康師傅香辣牛肉麵），一時間，供應熱水的飲水機成為最火爆的排隊熱點。「怎麼也『夭』起來了！」濃郁的辣油香排山倒海竄入鼻息，計畫以飛機餐果腹的我們忍不住唾液直流。就在為是否加入「泡麵一族」陷入長考時，耳畔傳來再十分就可登機的廣播，「上飛機就有東西吃了！」彷彿是拯救饑民於飢腸轆轆的天籟。

距離表定時間40分鐘後，甫自烏市趕來的飛機再次加足馬力起航。相較毫無怨言的機械，總是「假笑迎人」的空中服務員被密集飛行累得面色如土，行屍走肉般做完帶氧氣罩等整套例行公事，即拉上門簾不知所蹤。又過了近半個鐘頭，令人引頸期盼的餐車終於啟動，還在琢磨要飯或麵、雞或魚時，空少冷冷丟來三個乾麵包與杯裝礦泉水。「就這樣？」向來不愛無餡「胖」的我低聲埋怨，「餓魔上身」的旅伴沒有搭腔，只是用力扯開塑膠包裝、狂咬兩口「止夭」，「喔！還有花椒香味。」另一位口味與退伍老兵相仿（喜愛大饅頭抹豆腐乳）的旅伴還似乎頗為欣賞……真是一樣麵包三種情。

搭車去機場、通過各種形式的安檢、等候登機與上下飛機，明明是最便捷的交通工具，實際卻同樣得耗費整日。偶爾造訪的觀光客頂多行程延遲，分秒必爭或通勤往來的當地人可就啞巴吃黃蓮，為此苦不堪言的「中國第一小生」黃曉明索性苦中作樂，以自己主演的古裝歷史劇《精忠岳飛》（2013）重頭戲岳母刺字為發想，幽默自嘲：「如果一定要在背上刻四個字，你會刻什麼？我此時此刻最想刻的是『飛機準點』。」一語道盡中國航班「飛必稱誤」的無奈。

對我而言，打腳底、慢起飛都是小事，唯獨機上只提供花椒口味乾麵包讓貪吃粟痛罵不已。「好不容易餓咧，竟然吃這個！」深知敝人習性的旅伴趕緊釜底抽薪：「等等到烏魯木齊讓妳吃好的。」畢竟民以食為天、吃飯我最大！

# 維族女性亮晶晶

五官深邃立體的維吾爾族女性相當重視化妝和打扮，頭戴色彩斑斕的絲巾，身穿金光閃閃的耳環項鍊戒指等首飾與以絲綢縫製的寬鬆連身衣裙，腳上踩鑲有寶石的高跟馬靴或短跟皮鞋，放眼望去，從花樣少女到熟齡婦女，人人都是美麗焦點。受伊斯蘭信仰與西域文化影響，服飾的布料圖樣以幾何、植物花紋為主，其中以維族特有的「艾德萊斯綢」堪稱代表。「艾德萊斯」意指扎染的絲織品，按色彩可分為黃、紅、綠、黑四種類型，由石榴花、核桃皮等天然材料手工染製而成，配色鮮豔繽紛。在審美觀越趨一統的今日，維族婦女的可貴在於緊跟時代潮流之餘，亦能保留和彰顯獨特的民族風格，在全球化的潮流下，展現具有歷史厚度、文化傳承與個人創意的低調奢華與搖曳風采。

10.23

# DAY 16

## 軟臥+喀什

**行程** 庫爾勒→喀什（火車軟臥，前晚8：40開、隔日午12：00到）、艾提尕爾清真寺周邊

**住宿** 沙和歐熱達木賓館

**日記** 乘軟臥由庫爾勒到喀什，乘務員特重視清掃細節，大處卻零零落落，一直將廁所上鎖，導致被迫憋尿事件（到站時為免旅客使用而將廁所上鎖，啟動後依舊遲遲不打開，最終只得到遠處的硬臥車廂解決）。本計劃由火車站乘28路公車前往位於艾提尕爾清真寺旁的帕米爾青年旅社，結果公車擁擠非常，眾人一湧而上，完全無法靠近，只得搭宰人計程車。司機多為維族，第一人開價30，第二位20，後者算小小盜亦有道。青年旅社包房價250（本開價280，因住久有折扣），三個上下鋪，馬桶為蹲式，屬小髒，已踩到我忍耐紅線，只好婉轉請求旅伴換房。後找到清真寺對面小賓館，一日200，三床位獨立、窗台可眺望清真寺，環境OK、位置佳。附近巴扎精彩豐富，由於接近古爾邦節，四處都是採買的維族婦女，商品亮晶晶，鍋碗瓢盆、維族小帽、織品原料……店鋪地攤花樣繽紛。

## 旅遊資訊

**i 沙和歐熱達木賓館**

電話：0998-2520111

地址：喀什市解放北路200號（歐爾達西克路交叉口）

資訊：位於艾提尕爾清真寺對面，白天熱鬧非常，晚上不遑多讓，賓館門口即夜市攤販聚集地，人聲鼎沸、治安頗佳。床鋪乾淨，衛浴間有待加強，無線上網需於一樓大廳使用。

### $花費清單

- 火車446（庫爾勒→喀什，軟臥上鋪213+下鋪223*2）
- 喀什午餐56.5（薄皮湯包@2*10+炒羊排麵片18+雞拌麵條15+餐具@0.5*3+酸奶2）
- 石榴26（果汁1瓶20+1顆6）
- 計程車20（喀什火車站→清真寺市區）
- 沙和歐熱達木賓館200（3人房）

---

- 小計748.5

10.24

# DAY 17

## 喀什開買

**行程** 喀什清真寺周邊

**住宿** 沙和歐熱達木賓館

**日記** 中午一出門即開買，衝進桌巾店買過癮，購買清單：一組十字繡手工靠墊套（兩個）300、十字繡手工長桌巾380、亮晶晶方桌巾150。下午繼續在鍋碗瓢盆店瘋狂買，陶瓷壺30、黃金亮杯4、銀色飯鍋3個20、花草鐵壺70、銀色托盤10、黑白純絲絲巾200、皮製小鞋5。傍晚繼續買，人潮非常洶湧，購入伊斯蘭小銅碗20、超美瓷托盤80、鐵托盤20。旅社旁白天為日用品巴扎，晚間搖身成為小吃夜市，按照食物種類編排順序。最外側為炸草魚塊，每攤擺放方式相似。另一排多為水煮羊肉羊雜，再來是串串燙、羊肉乾麵，也有稍許烤麵筋、水煎包。維族最常見的烹調方式為炸和煮（喀什口味偏淡）。

$花費清單

• 衛生紙（@1.5*2） • 速食店44.5（漢堡14.5+可樂8+牛柳飯套餐22） • 優格3（@1.5*2） • 夜市晚餐49（炸魚10+烤雞含2片餅25+羊肚、羊角骨10+烤麵筋@1+冰淇淋3） • 沙和歐熱達木賓館200

• 小計299.5

10.25

# DAY 18

## 喀什漫遊

**行程** 艾提尕爾清真寺、周邊

**住宿** 沙和歐熱達木賓館

**日記** 前往艾提尕爾清真寺，門票20元，環境清幽，可入內參觀，耳聞明日古爾邦節將有10萬男性穆斯林到此，周邊旅社都已入住整批攝影發燒友。本欲赴老城區、喀什大巴扎，前因被人潮與羊潮堵住而作罷，後因攔不到計程車而放棄。午後改至人民西路巷內，意外找到喜字生鐵杯4元，嘗羊肉烤包子一個1.5元，口味較淡，不若吐魯番美味，途中見滿街的待宰肥羊，不忍心。晚間購買旅社門口夜市攤子小食，香酸辣涼麵（味道佳惜麵稍嫌嚼勁不足）小碗3元（大5元）、烤雞半隻與一張饢26元（雞汁香濃、饢有嚼勁、混合雞汁特香）、炸魚兩塊（現炸酥香味美）10元、水煮串串香（有香菇、羊雜、木耳等，刷醬類似辣味沙茶醬，適合口味）一串1元、羊雜湯（羊腸灌糯米、羊肺糕，羊騷味重）5元一份。明日是古爾邦節，越夜越熱鬧，旅社多了不少扛大砲的行家，似有大陣仗。

## 旅遊資訊

### i 艾提尕爾清真寺

地址：喀什市解放北路

門票：20人民幣

交通：乘公交車2、7、8、13、22、28路，於「艾提尕爾」站下車

資訊：艾提尕爾清真寺為新疆最大的清真寺，始建於1442年。該寺曾接受多位女性穆斯林慷慨捐款捐地增建，唯過去長年礙於伊斯蘭教規而不得進入，現雖解禁，但古爾邦節仍只有男性能夠前往參拜。入內參觀，遊客需抱持尊重文化與謹言慎行的態度，避免不尊重的言論與肢體動作。

### i 古爾邦節

資訊：意譯「宰牲節」的古爾邦節，又稱大節、哈芝節，每年伊斯蘭曆12月10日舉行（麥加朝聖過後），是伊斯蘭教的重要節日，猶如漢族的農曆年。由於伊斯蘭曆為純陰曆（無閏年或閏月設計），每2.7年就會與陽曆相差一個月，導致四季都可能遇上古爾邦節。古爾邦節當天，男性穆斯林一早先前往清真寺朝拜，再返家宰殺牲口，一份留給自家，另分送給親友及窮人，讓所有穆斯林都有肉食。

### $花費清單

- 艾提朵爾清真寺門票60（@20*3）
- 速食店61
- 晚餐50（羊腸、羊肺糕湯5+乾麵3+炸魚10+麻辣串燙3+雞含1片餅26+葡萄3）
- 沙和歐熱達木賓館200

---

- 小計371

10.26

# DAY 19

## 意外豐盛

**行程** 艾提尕爾清真寺過年、高台民居、國際大巴扎（休市）、香妃墓、民俗手工街、旅社外夜市

**住宿** 沙和歐熱達木賓館

**日記** 古爾邦節早晨禮拜人潮眾多有秩序，禮拜時間不過一小時，只有男性得參加，亦有女性在遠處朝拜十分虔誠。步行前往維族高台民居，本一張30元，不知為何3人特價60元。內有幾間藝品店，其餘為一般維族民居，因過年兒童穿新衣，家家戶戶宰羊。不少內地觀光客前來，隨意闖入家裡，當地人部分歡迎、部分面露無奈。繼續往下走，即進入牲口市場、國際大巴扎，前者尚有部分羊群交易，後者完全休市，附近有水果、糖果、皮衣皮件服飾等攤商。

乘公車20路至香妃墓，在紀念品店購入各式鏡子，折扣後120元。至人民西路，沿指標逛民俗手工街，於私人作坊購入羊角造型刮魚鱗板（70＞50）、金葫蘆造型菸草專用細嘴菸壺（60）。巴基斯坦藝品店購入彩色細嘴寬底流線型銅壺（150＞100）、彩色花瓶（150＞100），家居鍋碗瓢盆店找到藍邊白底鐵盤（4）。喀什處處可見冰淇淋機，光顧旅社旁奶油冰淇淋店，口味濃而甜，類似偉特糖或焦糖煉乳，核桃口味較類似冰沙，有打碎核桃果粒，不似奶油口味甜，吃多亦不膩。

## 旅遊資訊

### i 高台民居

地址：喀什市吐曼路

門票：30人民幣

資訊：位於喀什噶爾老城內地勢最高的一處維吾爾民居小巷，維吾爾名稱為「闊孜其亞貝西巷」，意思為高崖上的土陶。西元9世紀中，喀什拉汗王朝將王宮建於高崖北面，南面即為民居，但在一次帕米爾高原的山洪暴發將南北衝斷成兩個高崖。巷弄蜿蜒起伏、屋舍錯落混搭，非常有特色，除民居也有一些手工藝品店可入內參觀。

### i 喀什大巴扎

地址：喀什市艾孜熱特路218號附近

交通：搭乘20路公交車，於「兩亞市場」站下車

資訊：又名喀什中西亞國際貿易市場，源頭可溯自張騫出西域時，當時稱作疏勒國，對於城裡城外商隊熙來攘往，雜貨琳瑯滿目，尤是人們衣飾繽紛，南腔北調，留下深刻印象。由於地理位置的關係，自古即為絲綢之路上的貿易重地，聚集維族特色及巴基斯坦、俄羅斯等異國商品，牲畜巴扎在星期日進行，所以遠遠的就可聞到羊群的特殊味道。

$花費清單

- 早餐10（煎包@1*5+麵5）
- 午餐速食店72
- 冰淇淋小店14（奶油冰淇淋6+核桃冰淇淋8）
- 晚餐31（乾麵5+炸魚15+葡萄5+哈密瓜6）
- 高台民居門票60（平日@30，因過年缺導覽員故優惠）
- 卡瓦斯酒5
- 公車6（往返香妃墓@2*3）
- 香妃墓門票90（@30*3）
- 沙和歐熱達木賓館200

---

- 小計488

10.27

# DAY 20

## 休兵

**行程** 艾提尕爾清真寺周邊、解放南路、人民西路（巷內川菜）、阿提古麗茶店、手工藝一條街

**住宿** 沙和歐熱達木賓館

**日記** 本欲前往喀拉庫勒湖，因旅伴二號腸胃不適取消，改在旅社周邊小逛。循當地人拎菜路線，找到位於人民廣場旁的早市，推估應是06年曾與雙親清晨吃早餐的流動攤販，當時一片泥濘，現搖身清爽公園，以漢人為主。抵達時已是北京時間11點，攤商紛紛遭趕，購買高麗菜一顆（3.6）、小A菜（2）。人民西路旁小巷內，聚集多間川菜館，亦有早餐，品項包括：大肉包子、稀飯、醪糟、糊糊、肉夾膜等，終於吃到睽違數日的漢餐，尤其是豬肉，唉！已受夠羊味（人有羊味亦有羊個性，古爾邦節感觸）。路旁見蔬菜馬鈴薯醬菜刷醬蛋餅，內有蔬菜、油餅但鹹，餅皮為做好再加熱，不若西安現做美味。至維族超市，被要求寄放背包，使用條碼取件，十分先進，但為何先前人潮多時不必寄包，不解。內多為土耳其進口，食品尤其明顯，咖啡粉以三合一為大宗，甜度尚可但咖啡味淡。

中午品嘗昨晚買的切片香瓜，一薄片要價3元，貴且滋味一般，可惜。今日不少店都未開，路上人少、公車無人（對比年前擠到車廂爆炸）頗有年後感，幸運趕上年前熱鬧。傍晚順利找到網友推薦的「阿提古麗茶店」，販賣奶茶與薄餅

（可與炒羊肉、牛肉搭配食用，兩杯熱奶茶、兩張薄餅合計12元），顧客多為巴基斯坦裔，喀什與巴基斯坦僅距離300公里。口味類似香港絲襪奶茶，杯底有茶渣，奶味香濃。經生活日用品店，購入當地名產「葉爾羌茶」茶磚，一塊5元。

**i 阿提古麗茶店**

地址：喀什市色滿路（鄰近尊茂其尼瓦客酒店）

資訊：位於艾提尕爾清真寺後方的庶民小茶店，幾張桌椅供應現現烤薄餅與現煮奶茶，炮製可口在地味。店內客人多為巴基斯坦裔。

$花費清單

- 高麗菜3.6
- 小A菜2
- 蔬菜馬鈴薯刷醬蛋餅4
- 大肉包子4
- 運動飲料4
- 咖啡粉3
- 衛生紙3（@1.5*2）
- 酸奶1.5
- 奶茶+薄餅12
- 茶磚5
- 沙和歐熱達木賓館200

---

- 小計242.1

10.28

# DAY 21

## 打包日

**行程** 人民西路（漢人川菜館早餐）、喀什步行一條街、旅社周邊、艾提尕爾清真寺左側

**住宿** 沙和歐熱達木賓館

**日記** 打包尚稱順利，背包裝滿、小黃稍鬆，目前三背包、一箱、一手提袋。早餐將先前購買的土耳其巧克力餅乾與庫爾勒姐姐送的硬饢吃完，再外出至人民西路巷內川菜聚集區，吃早午餐：韭菜雞蛋包、牛肉燒賣、黑米稀飯。喀什步行一條街管制多多，入內先安檢，進商場開包檢查，入超市得寄存隨身包。超市內僅有核桃加工品，無單純核桃，枉費為產區。下午再度光顧伯伯冰淇淋，品嘗「特色冰淇淋」。至艾提尕爾清真寺旁紀念品店詢問鏡價，各個離譜且商品有瑕疵，突顯高台民居喊價公道。晚餐嘗試生意非常好的涼皮王，門口意外無人排隊，但店內都是嗷嗷待哺的客人，等近20分才購得。小哥十分俐落，先混合切好的涼皮、粉皮、涼麵，再加包含辣椒油、醋、花生粉末、黃豆等調味料，雖辣但算恰到好處。購買另一間巷內烤雞，無饢仍要價25元，雞又小，不若吐魯番美味。

$花費清單

- 小籠包4（6個） • 牛肉燒賣一籠6（11個） • 黑米稀飯1 • 正宗牛油吐司8（6薄片） • 特色冰淇淋12 • 黑嘉倫冰淇淋8 • 沙和歐熱達木賓館200

- 小計239

# 烏魯木齊

8-1．火鍋魔咒｜8-2．小資女發財夢

• 喜歡火鍋（紅色處）很得烏市民心

## 8-1 火鍋魔咒

「和喜歡的人，一起吃喜歡火鍋。」若票選絲路行印象最深的餐廳，「喜歡火鍋」絕對毋庸置疑榮登冠軍，而最有記憶點的食物，「喜歡火鍋的骨肉相連」同樣當仁不讓拔得頭籌，至於最獨特的服務，也由「喜歡火鍋的服務人員」毫無疑問連莊奪下第三冠……經歷「喜歡火鍋」的淬鍊，舉凡三人光顧同類型餐廳，腦中必會自動浮現當時情景，然後滔滔不絕地聊起關於她的點滴。能讓記憶力大幅衰退的三位輕熟女如此念茲在茲，倒非這間崛起於新疆克拉瑪依市的火鍋連鎖店環境特別講究、食物格外美味、服務加倍用心，而是另有使咱們「沒齒難忘」的過人之處！

光顧「喜歡火鍋」的契機，源於入住同棟大樓的百時快捷（烏魯木齊沙依巴克區楊子江路49號）。為慶祝日前染上腸胃病變的旅伴二號玉體康復，遂興起「撒銀子、打牙祭」的念頭，人生地不熟，與其大海撈針不如相信緣分，招牌用色分外張揚、店名簡潔直白的「喜歡火鍋」因此雀屏中選。「歡迎光臨喜歡火鍋！」剛走進大門，身穿鮮紅色仿古制服的服務員（男為功夫服、女為鳳仙裝）立即送上中氣十足的招呼，很有大餐館的氣派。「包廂都訂滿了，您們坐一般桌可以嗎？」非假日的傍晚，客人卻是沒停地前仆後繼，生意火爆程度不言可喻。

## 畫虎不成

循帶位服務員上樓，眼前是異常奪目的金碧輝煌，色系以亮金、鮮紅為主軸，裝潢為中式窗花與西洋燈飾的混搭，典型高調奢華路線。才坐定，遞上菜單的小妹已迫不及待背誦整套台詞，從她飛快而含糊的語句中，重點歸納出「吧檯上的調味料可免費使用」、「現切水果（西瓜）能任意拿取」兩項實用資訊。「喜歡火鍋」的價位與台灣同等級餐廳不相上下，當地人還是豪氣干雲地一點十餘樣，相形之下，本想著大開殺戒的我們，最終仍是內斂地蜻蜓點水。

• 平凡無奇的火鍋竟有魔咒！

• 店內裝潢走高調奢華路線

• 真貨一點、假貨一堆

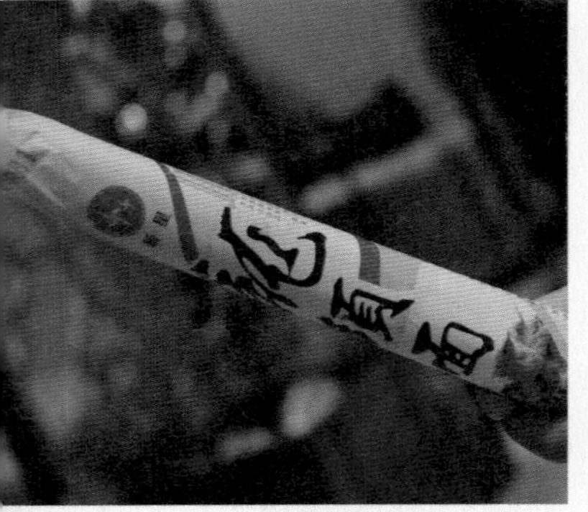

• 幻想「龍鬚麵」有啥玄機？結果就是一把乾麵條

等候湯底滾開的空檔，一旁正上演員工集體精神喊話的場面，只見一群穿著略顯寬大制服的年輕男女，漫不經心邊笑邊喊邊跳，更像學生時代的團康活動。目光向左，發現店內不僅設置兒童遊戲區，更有供食客使用的免費網吧，試圖提供身心靈兼顧的全包式服務。雖然「喜歡火鍋」以客為尊的鑿斧很深，卻隱約有種畫虎不成的半調子，譬如：服務員熱中彼此打鬧多過打理環境、清理桌面時將杯盤隨性扔進地上的塑膠桶裡、髒盤與廚餘任意堆在走道上、沙發椅套沾有暗色污垢與塵埃、地板溼滑油膩宛如溜冰場……類似例證俯拾即是，加上觥籌交錯、人聲鼎沸的喧鬧氣氛，反倒營造一種趨近異次元的魔幻感。

## 假貨天堂

食材陸續上桌，見我們即將下筷開吃，一位服務員特地停下飛快腳步叮囑：「您們忘了這個。」她拿起掛在凳子上的紅色布料，仔細端詳，原來是寫著「喜歡您就多吃點」字樣的「喜歡火鍋」專用圍兜。我疑惑地環顧四周，發現客人不分男女老少、壯漢辣妹竟清一色乖乖套上，不只畫面壯觀，更有幾分返老還童的滑稽。「可以不穿嗎？」服務員一而再三的提醒，逼出我的苦笑拒絕，她聞言喃喃：「那是保護您的衣裳。」

蔬菜、菇類、丸子、肉片接連下鍋，雖都稱作一份，實際數量卻不合乎比例原則。最真材實料的冷凍肉片，片片薄如蟬翼，一夾就裂、一煮就碎，看似鋪滿盤面，熟後卻只有一小堆肉屑。反觀混合各種添加物的再製品，樣樣多到驚人，小魚丸動輒十幾顆、魚餃蝦餃也是尖尖一盤……在盡量不浪費食物的前提下，我們努力解決漂浮熱湯中的丸與餃，無奈火鍋搖身一變聚寶盆，怎麼夾也夾不完！

• 圍兜兜非穿不可？

• 喜歡火鍋中看不中吃

• 庫爾勒的小肥羊鴛鴦鍋，至少有真肉片

不一會兒，曾經嗷嗷待哺的胃袋已被或脆或Q的「假貨」填滿，身旁卻還杵著十串名為「骨肉相連」的大敵，厚重分量與濃烈調味，著實令人頭殼摸著燒。尚處在冷凍狀態的「骨肉相連」，是裹著鮮橘色鹹甜醬料的雞胸肉、雞軟骨串，明明是如假包換的烤物，卻被整串（連竹籤）一併投入滾燙火鍋。久煮後，熱湯將「骨肉相連」的醃料洗去大半，撈起時顏色明顯轉淡，無論殘存的醬料合胃與否，單是無口感的鬆澀雞肉就足以嚇退正常味蕾。眼見「骨肉相連」在鍋中載浮載沉，腸胃尚弱的旅伴二號硬是吃下三串，而自稱愛雞胸肉的我，更是義不容辭一串一串又一串，經過一番艱苦搏鬥，終於將十艘戰艦擊沉……論功行賞，用餐過程中一直主攻玉米、山茼蒿的旅伴一號幽幽坦承：「只吃了一串。」「所以……現在我肚子裡裝了六串『骨肉相連』！」從此，只要見到相似食物，那位「極幽默又極有良心」的旅伴必會一臉笑盈盈地問：「來串懷念的『骨肉相連』？」

付出199人民幣的絲路行最高餐費，心靈卻是異常空虛。坦白說，「喜歡火鍋」從煮料到醬料全都不合胃口，唯一讓三人異口同聲、讚不絕口的，就是甜而多汁的薄片西瓜。「下週肯定要請兩位去『德興火鍋』任食打邊爐，涮肥牛肉、啖彈牛丸！」熱愛香港的我豪氣打包票，對火鍋一向來者不拒的旅伴真誠笑納之餘，卻也忍不住自我吐嘈：「庫爾勒的『小肥羊』、烏魯木齊的『喜歡』、以及不久將來的『德興』，真是出乎意料的絲路行火鍋魔咒！」

## 8-2 小資女發財夢

經歷在喀什毫無顧忌、隨心所欲的快意採買，面對總量暴增的行囊，儘管言談間難掩自責苦惱，實際卻是心甘情願的自作自受。回想血拼途中，「少一個」確屬三人最常萌生的感嘆，如此情緒倒非源於衝動購物或東西瑕疵導致的後悔，反倒是哀嘆買得不夠多（精確的說是不夠分），畢竟人情禮數不可免。「華麗隨身鏡物超所值，實在應該多買幾個！」、「絲巾輕薄好攜帶，堪稱最佳伴手禮。」目標明確、價位清楚，就等著到旅程的終點站——烏魯木齊一次補齊。

作為新疆維吾爾自治區首府，烏魯木齊是中國西北的政經中心，不僅吸引其他各省移民前來謀生，更是列入金氏世界紀錄「世界上最內陸、距離海洋和海岸線最遠」的大型城市。有趣的是，雖然「烏魯木齊」對台灣人可謂如雷貫耳（不僅因為耳熟能詳的四字名聲響亮，更在指人亂七八糟的台語罵詞），卻多對烏市本身知之甚淺，其實這

大巴扎點燃批貨夢

• 觀光客必訪的二道橋市場

• 華麗隨身鏡物超所值

• 手持鏡背面比正面更精彩

• 商品非金即銀，閃得眼睛睜不開！

裡早非印象中開發落後的邊陲地帶，而是國際名品連鎖匯聚、娛樂商業蓬勃發展的摩登都會。平坦寬敞的道路四通八達、貫通市區的BRT（快速公交車）流暢奔馳、路線綿密的公交車涵蓋全城、穿街鑽巷的計程車隨招隨停……便捷、便利、現代化、人聲鼎沸，如同你我熟悉的大陸沿海城市。唯一不同點在於，位處大西北的烏魯木齊路寬氣派，單是穿過一條馬路已氣喘吁吁，真是名符其實的空間暴發戶！

## 巴扎樂園

維族聚居區必見的巴扎，最初是假日、慶典前夕購買

• 店鋪樣式多元、品項豐富

• 人流匯聚大巴扎

或交換民生必需品的在地市集，時至今日，已成為遊人趨之若鶩、大開眼界的必訪熱點。為服務來自世界各地的朝聖者，官方索性在位居市中心的二道橋（解放南路與團結路交匯處）設立總面積達十萬平方公尺的民族特色購物市場「新疆國際大巴扎」，滿足眾人日日逛巴扎的需求。這座落成於2003年的伊斯蘭風格建築群，集飲食購物、表演娛樂、宗教文化、民族工藝於一體，其中高80公尺的觀光塔，更是烏魯木齊市的著名地標。公車行至二道橋周邊，維族比例明顯增加，男的穿西裝、蓄小鬍；女的綁

• 繽紛絲巾

• 壓製饢花紋模型

頭巾、著馬靴，隨處可見叫賣兜售、討價還價的交易場景。不過，如同他處巴扎，此地同樣有荷槍實彈的撲克臉公安佈署其間，而且數量更多、監控更嚴，一熱一冷的反差，確是新疆不能說的秘密。

號稱規模全球第一的國際大巴扎果然名不虛傳，幾乎所有的自治區特產都可在國際大巴扎內見著，款式多樣、價格合理（殺價可自對半喊起，一般可爭取到六、七折的優惠），甚至比在產地還划算。販賣和闐玉、新疆乾果、雕花葫蘆、純絲地毯、英吉沙小刀、冬不拉琴等特色商家與肯德基、家樂福一類國際連鎖品牌齊聚，各式土、特、洋店鋪應有盡有，包羅萬

• 使咱們沉溺其中的絲巾披肩專賣店

• 維族婦女見絲巾就買！

象的程度，堪稱為觀光客打造的紀念品樂園。信誓旦旦節制消費的我們，鋼鐵般的意志在踏進商場瞬間宣告崩解，沒走五步，就被一間花色繽紛的絲巾披肩專賣店套牢，態度誠懇又善套交情的老闆娘完全將被折扣蒙蔽的台胞玩弄於股掌之間，一件八折、兩件六折、買五送一、買一個再送一、加總後去零頭……回過神，已是塞滿物袋的飽滿戰利品。事已至此，三人索性放開手腳，套頭毛衣、項鍊擺飾、壓製鑲花紋的木槌模型……樣樣來者不拒，超乎預期的滿滿收獲，誠如我的自編順口溜：「只要有得買，相見不恨晚。」

• 荷槍實彈的公安佈署在巴扎周圍巡邏

## 夢醒時分

人生閱歷豐富的旅伴，旅途中仍不忘思索「賺食」的下一步。逛巴扎時，見兩人站在光彩繽紛的飾品攤前竊竊私語，就知又有點子誕生！「可以批些民族風小玩意網拍。」向來穩重可靠的旅伴一號仔細琢磨，「一次進貨就能壓低價格。」總是深思熟慮的旅伴二號認真附和，「我要參加、我要參加！」樂當跟屁蟲的我，也不可免俗地拍手叫好。老闆娘見三位有些歲數的小資女殺氣騰騰，趕緊遞上名片：「您要啥，馬上能整箱給您寄去！」當胡亂瞎買得自肥購物搖身在商言商的賺錢買賣，心態頓時由理虧轉為氣壯，原本難以取捨的藍寶石項鍊與金駱駝擺飾，也從兩者擇一變成各買一對。「這門生意肯定能做！」商品物美價廉配上我們眼光精準，門庭若市指日可待，終於發財不是夢！

回到旅社，三人照例各據一方端詳戰果，沒多久，竟接連發出哀嚎：「啊！項鍊上的寶石『必巡』又缺角。」、「嗶！首飾盒的磁鐵掉下來。」、「喔！鏡盒卡榫有夠難開。」即使買時已盡可能精挑細選，剔除不少「落漆」劣品，類似瑕疵仍難避免。「親身去買都有問題，遑論跨海批貨加上跋涉運輸，更是變數無窮！」試想若收到的

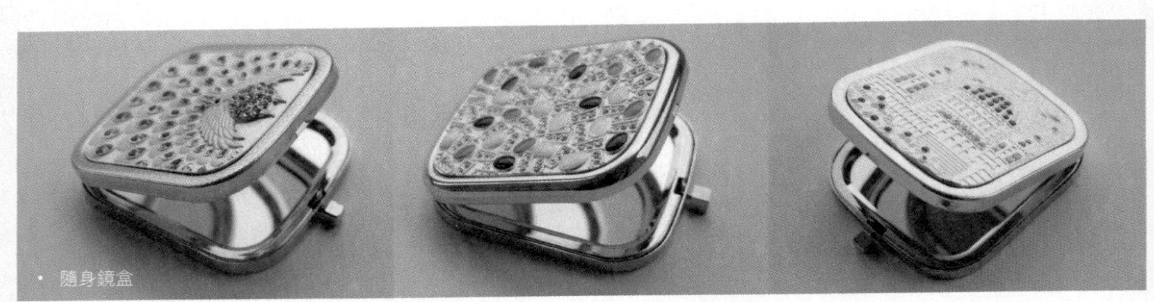

• 隨身鏡盒

• 手持鏡（背面花色）

• 手持鏡（對折站立）

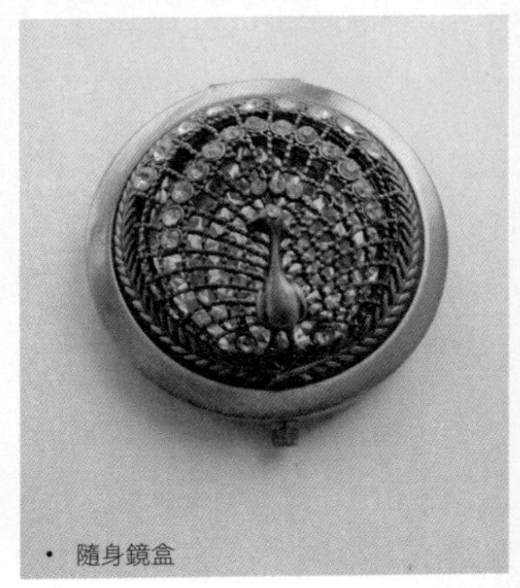

• 隨身鏡盒

• 鑽靴擺飾

• 象徵絲路行的金駱駝

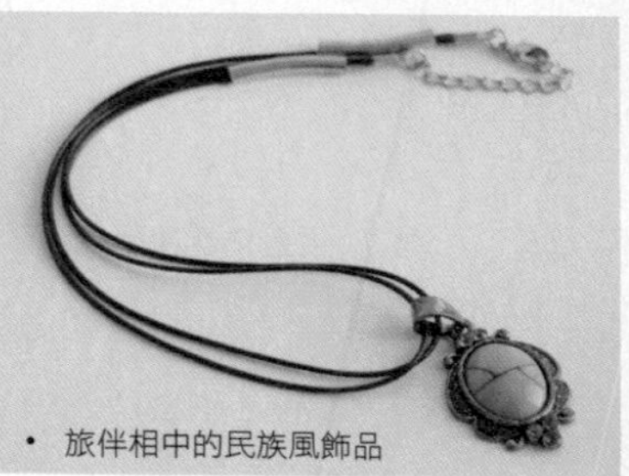
• 旅伴相中的民族風飾品

是一整箱的破銅碎鐵，憂憤無奈、求助無門，發財美夢頓成虧本噩夢。思路至此，退堂鼓已成定局，我們只當發了場南柯一夢。

作為烏市消費與觀光重心，國際大巴扎內商家多、遊客豐，出入人流複雜，眼睛忙著搜索靚貨的同時，也需時時留意周身細軟，提醒固然老套，卻是常保平安的最高原則。至於大巴扎一帶的治安，曾讀過大陸網友稱被維族兒童成群結隊包圍藉此賺取（索取）金錢以及遭當地維族不友善對待的經驗，但在那兒消磨數小時的我們一切順利，可能是運氣好又或者情況沒那麼糟，總之心存尊重、保持低調、時時警覺，正是減少麻煩的不二法門。

• 大巴扎內的維族主題雕像

• 服務在地維族的羊肉攤

• 維族小吃一條街

• 正宗維族小吃現點現製

• 傳統中獻給尊貴客人的烤全羊

• 羊味濃郁的手抓飯

• 攤位雖小、辣椒俱全

10.29

# DAY 22

## 航空移動

**行程** 人民西路四川巷、喀什機場、喀什→烏魯木齊（約1小時45分）、烏魯木齊

**住宿** 百時快捷烏魯木齊紅山店

**日記** 早晨享用喀什四川巷麵食，點肉燒賣、大肉包子、韭菜雞蛋包，紫菜湯，燒賣油但美味湯汁多，我們果然是漢人。本欲搭計程車前往機場，司機開價30元（旅社指15元），碰巧見附近2路公車終點站為飛機場，以為就此否極泰來……未料公車竟要加油，被迫在鳥不下蛋處下車，換車又擠不上去，後改搭下一班，只得再度付車資。機場安檢嚴格非常，脫外套背心圍巾與鞋子，還被打腳底板！藍山咖啡廳沒有菜單，奶茶竟是芋頭口味，要價48元，貴到驚人！只得點卡布奇諾一杯，是有這麼坑人?!

班機誤點40分鐘，機上點心竟是白開水加白麵包，且無人收垃圾，幸有窗外壯麗景致癒療心靈。到烏魯木齊欲入住錦江之星，無奈沒有三人房，輾轉至姐妹店百時快捷，又是極小的上下鋪，唯價格低廉。在附近紅十月小區購買紅葡萄（一斤14元，購15元）、道口鹽水雞（半隻20元、一隻38元），口感佳、滋味好但麻辣異常（已經小辣還這麼辣），經幾次熱水沖洗才能勉強入口。本想找其他酒店，無奈此地鮮少三人房，只好勉強繼續住，唯一好處是，門口有直達飛機場的51路公車。

## 旅遊資訊

**i 百時快捷烏魯木齊紅山店**

網址：www.bestay.com.cn

電話：0991-4581999

地址：烏魯木齊市沙依巴克區揚子江路49號（紅山郵局旁）

資訊：紅山店位於市區、交通便利，走路5分鐘可至機場大巴乘車處，約30分鐘可抵達，亦可乘市區公交車301路至國際大巴扎。

### $花費清單

- 早餐14（肉燒賣5+韭菜小籠包4+大肉包子4+紫菜湯1）
- 公車6（旅館→喀什機場@2*3，被迫轉搭）
- 機場咖啡58
- 計程車59（烏魯木齊機場→市區50+換地點9）
- 晚餐48（葡萄15+運動飲料4+雪碧3+啤酒3+茶3+道口鹽水雞20）
- 百時快捷159（3人房）

---

- 小計344

10.30

# DAY 23

## 巴扎血拼

**行程** 二道橋市場、國際大巴扎

**住宿** 百時快捷烏魯木齊紅山店

**日記** 乘公車301路由文化宮站至二道橋，一入二道橋市場，立即展開小血拼，購入兩面鏡7個（開價35，殺至28），有品牌藍寶鑽石鋼鏡1個（開價120，成交價80），羊毛披肩130元（原價160）、格子花色羊毛絲巾100元（原價130），總金額500元。旅伴們也買了兩面鏡7個，10元鏤空鏡4個，總計65元，羊毛絲巾2條，總計430元。二道橋附近溜達，商品豐富開價較喀什實在。國際大巴扎一樓攤商購入藍寶銀色手鍊20元（原價25），項鏈6條75元（15元一條），駱駝擺飾一對50元。

返旅社前，在旅社隔壁麵包店買盒裝咖啡口味巧克力脆皮雪糕，濃郁香醇，要價11元，所費不貲，由此可見物價之高。晚餐光顧生意極佳的「喜歡火鍋」，整體感覺奇妙，有免費上網，但餐具（1元）、調味料（5元）甚至衛生紙（3元）都要收費。服務員態度閒散，客人個個乖乖穿圍裙，不愧是綿羊國，野蠻卻又聽話。加工品素質偏低，肉片薄如蟬翼，當地人多點滿一桌，晚間甚至客滿，消費力不容小覷。兩種肉與菇、白菜、茼蒿、凍豆腐、魚餃，三人大飽但不甘心。

# 旅遊資訊

### i 烏魯木齊國際大巴扎

地址：烏魯木齊市解放南路與團結路交口

交通：搭乘1、101、102號公交車，於「二道橋」站下車

資訊：充滿伊斯蘭建築風情的國際大巴扎，融合現代化與西域民族特色，觀光商業味濃厚。除種類繁多的藝品、絲巾、小刀、樂器等展售店鋪，還有戶外表演廣場、美食廣場等滿足購物外的需求。80公尺高的地標性觀光塔，讓旅客從遠處就能辨識。

$花費清單

- 公車3（旅館→國際大巴扎@*3）
- 早餐麵包5
- 計程車9（國際大巴扎→旅館）
- 晚餐喜歡火鍋199
- 百時快捷159（3人房）

---

- 小計375

10.31

# DAY 24

## 重返西安

**行程** 烏魯木齊旅社周邊、烏魯木齊→西安（約3.5小時）、西安

**住宿** 漢唐居精品青年酒店

**日記** 早餐吃旅館旁的「西安小館姚老三」（難道是返回西安的前奏？），要啥沒啥，價位不低，清潔人員在門口肆無忌憚大拖地，時間完全不恰當，全中國的服務員大多都是如此「勞動至上」，將顧客視為呼來喚去的羊。幾桌客人都未吃完，亦不打包，與處處宣傳勿浪費食物形成強烈對比。本要南瓜餅卻給成酸菜盒子，韭菜餡餅顏色偏淡但油，南瓜小米粥尚可、綠豆稀飯頗稀，且均不夠燙。約11：50搭計程車往機場，經歷一番細密安檢（手提行李需小，否則無法塞進掃描機），終將返回西安。本預計4：20起飛，經西安到南京，結果一如預期延遲，至5：40才出發，飛行時間2小時50分。因餓過頭而大讚飛機餐，有牛肉渣渣乾拌麵、洋芋多多雞肉飯兩種選擇。抵達西安後，計程車竟開價150元，於是繼

續搭機場巴士（一人26元），由於國內線位於新落成的二航廈，硬體設施新，唯依舊人潮混亂、無秩序。約50分車程到鐘樓，一下車就有摩的師傅圍過來拉客，小小四人有棚車，可以擠進三人五大包行李，神乎其技，摩的還可兩面開門！大包小包抬上旅館三樓，雖得先扛沉甸甸的行李，房間卻是整趟旅程中最正常舒適的地方，房價更降至210元（原因不明）。

$花費清單

- 早餐13（南瓜稀飯2+綠豆稀飯2+豆漿2+韭菜餅2+酸菜餅2+小菜3）
- 計程車50（旅館→烏魯木齊機場）
- 機場巴士78（西安機場→市區鐘樓@26*3）
- 摩的15（鐘樓→南長巷旅館）
- 漢唐居210（3人房）

---

- 小計366

11.01

# DAY 25

## 西安回顧

**行程** 東木頭市、三學街、書院門、鐘樓小區、沃爾瑪

**住宿** 漢唐居精品青年酒店

**日記** 早餐一人一個刷醬蛋餅，過癮但非常飽。後前往三學街，逛書院門，找謝富平師傅刻印，我刻本名正方章（120元）、粟子藏書（50元，其仍記得之前刻過，並說之前是陽章，此次是陰章）與魚象形現成印章（120元），大印泥一個，共計280元；旅伴一號刻一仔、丫丫（各20元），師傅的子都刻得像舉重造型，妙；旅伴二號刻三個藏書章、兩小子圖章及「書道千秋」現成章，計150元，兩人皆受贈小印泥一個。午餐吃四川館，點滿滿一桌，包括：糖醋里雞（夠甜不夠酸且真的是雞肉）、魚香肉絲（酸甜恰到好處）、辣子雞丁（青椒炒白雞丁，與想像和菜單上的截然不同）、乾煸四季豆（花椒辣椒多得驚人）、手撕包菜（輕辣微甜，成功）、酸菜魚（點菜時叮嚀勿辣，雖好入口但不若之前有辣美味）。一人

一碗飯，過癮但繼續太飽，返旅社午覺。傍晚前往沃爾瑪，購買榨菜、糊辣湯粉、小米等。於一旁小夜市買小橘子，味濃正無籽。晚餐買乾麵大碗味鹹酸但不香，可惜。途經台灣雞排店，竟獲免費三包鹹酥雞與三塊雞排，員工稱是台灣老闆為打入市場的手法，惜男店員太被動害羞，效果十分有限。晚間意外食物大爆炸，三人盡力吃仍剩下不少，為健康只得忍痛放棄。

$花費清單

- 早餐11.1（蛋餅@3*3+包子0.6+五穀豆漿1.5）
- 午餐107（川菜）
- 橘子5
- 啤酒3.5
- 冰淇淋5
- 乾麵6
- 漢唐居210（3人房）

- 小計342.6

11.02

# DAY 26

## 絲路句點

**行程** 西安機場

**日記** 日記：早上展開小打包，目前增至5袋，果不能小看人的購買欲。於旅館門口先購妥午餐，菜肉夾饃（肉5元、菜3元、菜肉6元），乘摩的至美倫酒店搭機場大巴，乘車處有數位小混混司機拉客，巴士小塞車、時速慢，約一小時抵達。十一點到，國際線尚未開放check in，只得被迫虛耗光陰，在門口等待多時，終於顯示辦理時間 1：45，距離飛機起飛3：25，已不足兩小時。好不容易開始辦理手續，乘客堆積如山、人龍綿延，老神在在的航空公司人員與愛理不理的海關依舊動作緩慢。眾人急急衝到登機閘口，還沒來得及喘口氣，就已催促登機，雖然未因此延遲，但不解為何要拖到最後一刻才作業？

$花費清單

- 菜肉夾饃18（@6*3）
- 摩的15（旅館→機場巴士搭乘處：美倫酒店）
- 機場巴士78（美倫酒店→西安機場@26*3）

- 小計111

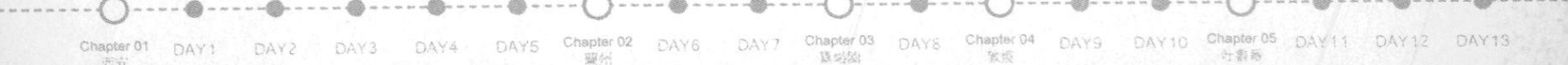

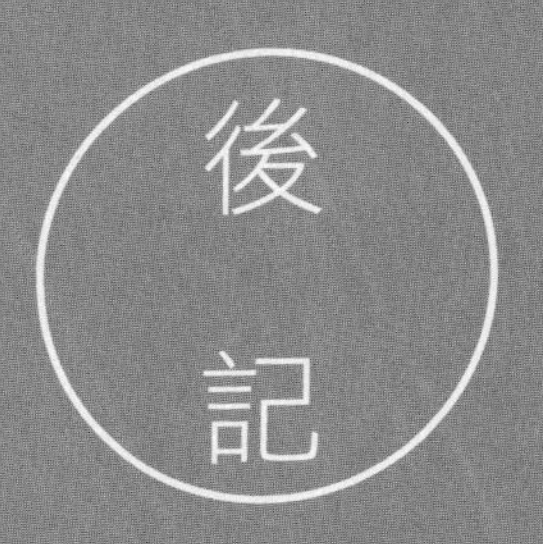


# 旅行的意義是……

「旁人看了這趟絲路行，肯定覺得咱們都在吃和買！」旅伴的觀察半點不假，畢竟民以食為天、血拼樂陶陶，難得飛越數千公里，豈有不大吃特吃、狂買亂買的道理？相較已進五臟廟、累積成厚厚脂肪的美食，不辭辛勞帶回家鄉的戰利品則是最棒的有形紀念，每每端詳這些飄洋過海的「有緣物」，途中的點滴樂趣也彷彿重現眼前。對熱中此道的我而言，旅行的目的雖不全然是買，卻絕對是不可或缺的、令人著迷的、快樂無比的意義。

釀旅人13　PE0070

# 絲路，你好！

## ──3個女生30天的自助旅行絲路線


作　　者　　粟　子
責任編輯　　劉　璞
圖文排版　　陳佩蓉
封面設計　　王嵩賀

出版策劃　　釀出版
製作發行　　秀威資訊科技股份有限公司
114 台北市內湖區瑞光路76巷65號1樓
電話：+886-2-2796-3638　傳真：+886-2-2796-1377
服務信箱：service@showwe.com.tw
http://www.showwe.com.tw
郵政劃撥　　19563868　戶名：秀威資訊科技股份有限公司
展售門市　　國家書店【松江門市】
104 台北市中山區松江路209號1樓
電話：+886-2-2518-0207　傳真：+886-2-2518-0778
網路訂購　　秀威網路書店：http://www.bodbooks.com.tw
國家網路書店：http://www.govbooks.com.tw
法律顧問　　毛國樑　律師
總 經 銷　　聯合發行股份有限公司
231新北市新店區寶橋路235巷6弄6號4F
電話：+886-2-2917-8022　傳真：+886-2-2915-6275

出版日期　　2015年03月　BOD一版
定　　價　　360元

國家圖書館出版品預行編目

絲路，你好！3個女生30天的自助旅行絲路線 / 栗子著. -- 一版. -- 臺北市：釀出版, 2015.03
面； 公分. --（釀旅人；PE0070）
BOD版
ISBN 978-986-5696-67-2（平裝）
1.遊記 2.絲路

690 103025738

# 讀者回函卡

感謝您購買本書，為提升服務品質，請填妥以下資料，將讀者回函卡直接寄回或傳真本公司，收到您的寶貴意見後，我們會收藏記錄及檢討，謝謝！

如您需要了解本公司最新出版書目、購書優惠或企劃活動，歡迎您上網查詢或下載相關資料：http:// www.showwe.com.tw

您購買的書名：________________________________

出生日期：_______年_______月_______日

學歷：□高中（含）以下　□大專　□研究所（含）以上

職業：□製造業　□金融業　□資訊業　□軍警　□傳播業　□自由業

　　　□服務業　□公務員　□教職　□學生　□家管　□其它_____

購書地點：□網路書店　□實體書店　□書展　□郵購　□贈閱　□其他

您從何得知本書的消息？

□網路書店　□實體書店　□網路搜尋　□電子報　□書訊　□雜誌

□傳播媒體　□親友推薦　□網站推薦　□部落格　□其他________

您對本書的評價：（請填代號　1.非常滿意　2.滿意　3.尚可　4.再改進）

封面設計____　版面編排____　內容____　文／譯筆____　價格____

讀完書後您覺得：

□很有收穫　□有收穫　□收穫不多　□沒收穫

對我們的建議：________________________________

________________________________

________________________________

________________________________

請貼
郵票

11466
台北市內湖區瑞光路 76 巷 65 號 1 樓
**秀威資訊科技股份有限公司** 收
BOD 數位出版事業部

（請沿線對折寄回，謝謝！）

姓　名：＿＿＿＿＿＿＿＿　年齡：＿＿＿＿　性別：□女　□男

郵遞區號：□□□□□

地　址：＿＿＿＿＿＿＿＿＿＿＿＿＿＿＿＿＿＿＿＿

聯絡電話：(日) ＿＿＿＿＿＿＿＿ (夜) ＿＿＿＿＿＿＿＿

E-mail：＿＿＿＿＿＿＿＿＿＿＿＿＿＿＿＿＿＿＿＿